万古秦风

孙皓晖 著

中信出版集团|北京

图书在版编目（CIP）数据

万古秦风 / 孙皓晖著 . -- 北京：中信出版社，2025. 7. -- ISBN 978-7-5217-7486-3

Ⅰ. K233.07-53

中国国家版本馆 CIP 数据核字第 202538C9W9 号

万古秦风

著者：　　孙皓晖
出版发行：中信出版集团股份有限公司
　　　　　（北京市朝阳区东三环北路 27 号嘉铭中心　邮编　100020）
承印者：　　河北鹏润印刷有限公司

开本：880mm×1230mm　1/32　　印张：6.125　　字数：86 千字
版次：2025 年 7 月第 1 版　　　　印次：2025 年 7 月第 1 次印刷
书号：ISBN 978-7-5217-7486-3
定价：59.00 元

版权所有·侵权必究
如有印刷、装订问题，本公司负责调换。
服务热线：400-600-8099
投稿邮箱：author@citicpub.com

三 年 华

十五 人文良知，职业素养，论战气度 109

十六 中国当代书法文化的旗帜——王改民先生 115

十七 我的大秦川 125

十八 雪意把酒话秦风 129

十九 秦风秦腔，华夏绝唱 137

二十 事也政也，积微而成 141

二十一 诗风鼓荡的美丽裙裾——读蒹葭从风的《所谓伊人》 147

二十二 文学的边界在哪里——就《大秦帝国》创作答衍柱先生 159

目录

(一) 怀古

一 秦岭赋——纪念秦统一中国文明2240周年 ... 3

二 我们生命的灵魂——历史意识 ... 5

三 万古秦风——关于秦人的时间简史 ... 11

四 四起五落的大长安 ... 15

五 太行巍巍话长平 ... 25

六 中国文明史最为绚烂夺目的血花 ... 51

七 净土祖庭香积寺赋 ... 59

八 咸阳精神赋 ... 61

(二) 斯人

九 抢才亭 ... 65

十 墨家不朽 ... 69

十一 岭南一抔土，秦人万古魂 ... 75

十二 千古名将，故乡史碑——《唐卫国公李靖》序 ... 81

十三 秦汉高原走出的一组传奇哲人 ... 91

十四 古战场守望者的独特目光 ... 101

一 怀古

一

秦岭赋

纪念秦统一中国文明2240周年

秦岭者,中国地脉之干龙也,华夏万山之圣王也。西起昆仑,蟠踞中央,分江河行地,领日月经天,立定天下之大格局矣!

上古洪荒,我族几亡。舜赋禹命,统领夏秦商周四大族群治水救民。定秦岭为山水轴心,雄踞高地,行山刊木,明晰水势,分以江河,疏导万流,漫淤大地,立制井田,兴建城邦,始有我族之中国矣!

及后千年,秦人以马背诸侯挥师东进,挽救西周于镐京危难,拥立东周开春秋洛阳。三代浴血,收复千里虚封之地,被山带河,包举域内,开雍城大都,拓戎狄之地远达义渠祁连,巍巍然五霸大邦也!

铁血战国两百余年,赳赳老秦,大出天下。立秦岭为阙,尚江河为德,以干龙天威发起八大战役,建三十六郡,中央集权,统筹文明,一我文字,制度万方。自此,始有中国一统大国,始有我族恒久不息之统一文明也!

呜呼!大哉秦岭,国家魂魄之根基也,民族精神之圣地也。秦岭之于中国,当为万世不朽之神山也!

2019 年 9 月 18 日

二

我们生命的灵魂

历史意识

历史是什么？是我们曾经的脚步。

就语源而言，历者，经过也；史者，作册也；历史者，对所经过事情之真实记录也。举凡人类，无论个人、群体、国家，都有自己的历史。无论这种历史表现为完整的史书，还是表现为不系统的记忆与传说，抑或表现为地面实物与地下遗址的发掘，以及种种社会活动的非物质传承等等，它们都是我们对曾经的生命足迹的深刻记忆。依靠对历史的记忆与回顾，依靠对历史的反思与总结，我们才能不断地在前人创造的基础上继续新的攀升。由此，人类社会才有了不间断的发展，我们的生活才有了不间断的更新。

地球上的其余物种，动物、植物、微生物，都没有历史。

因为,历史是物种感知力、思维力、智慧力高度发展的产物,是人类对自己经历的自觉感知和系统记录。简单的感知与思维,不可能产生对既往经历的系统记录与总结,也不可能自觉接受前代经验教训,更不可能据此而自觉修正自己的活动方式与生存方式。动物植物的缓慢进化,或物种演变,都是靠简单化的低级思维对生存环境刺激的反复适应,而产生生命基因的变化,继而在一代一代的遗传中不自觉地改变了自己,最终便表现为对生存环境变化的适应能力。

这就是地球其余物种的自然演化脚步。

显然,历史是人类生命智慧的独有财富。

历史意识,是人类生命的灵魂。因为,历史意识是人类对自身生存发展经过的自觉感知。依靠着这种历史感知力,我们自觉地继承了前人的生存经验,并在经验积累到一定阶段的时候,创造出新的生活方式,产生出新的社会存在方式。

没有这种自觉感知,我们在远古时期就不会总结先人长期对摩擦生热的经验认识，不会在远古时期发明出火。我们的生存条件，就不会发生根本性变化。

没有这种自觉感知，我们就不会在近古洪水时代总结前人堵塞治水的失败教训，从而创造出大禹的疏导治水。我们这个民族，就不会进入国家文明时代。

没有这种自觉感知，两千多年前的秦帝国就不会总结春秋战国五百余年对新型统一国家长期探索的经验教训，从而统一中国，并创造出伟大的中国统一文明。果真如此，我们华夏族群的今天，就是数十个小国并存，整个东方的轴心文明也不会存在。

西方中世纪末期发生的文艺复兴与启蒙运动，将人类带进了一个新时代。蒸汽机、电力、核动力使人类的国家活动方式与人群生活方式发生了天翻地覆的变化。从此开始，人类精神对历史的自觉感知与反思，也迈进了一个新的高度——当代文明视野的高度。在这样一个时代，每个先进国家，每个具有当代文明意识的民族，都对自己民族与国家的历史，进行了大规模的系统化重读——重新解释历史，重新认识历史，重新划分人类社会发展阶段，重新总结历史的经验教训，借以寻求新的发展道路。这种大规模系统化的重读历史的理论总结，未必适合于每个国家每个民族。但是，它掀起的思想风暴对人类历史意识的冲击，却是从来没有过的巨大。也就是说，从资本主义时代开始，人类精神的意识形态发生了深刻的革命性变革，其所产生的种种以重新解读历史为基础的"主义"之说，使人类对历史的认知方式、对社会发展前景的自觉探索，都大规模地深化了。

正是在这样一个时代，我们这个东方大国远远地落后了。

历经一百七十余年的悲壮奋争，在当代的今天，我们这个国家终于站到了一个新的历史转折点——从残破的碎片集成化的畸形文明社会，跨越到工业科学与商品经济时代的新文明形态去。

这样一个历史转折点，只有在我们这个时代是真实而清晰的。

因为，无论此前的我们在"主义"上如何将我们的生存状态大大理想化，真实的贫困、真实的物质匮乏、真实的乡村基础，都是无法改变的。只有在融入世界经济大潮的三十年之后，我们的生活方式发生了普遍而深刻的变化，我们走出了物质匮乏状态，我们走出了贫困生活，我们的农村城市化获得了很大发展，我们对世界的了解与评判摆脱了自卑心理，我们才有了提出跨越文明"龙门"的认知能力，才有了实现跨越的第一个历史条件。

面对如此伟大的文明跨越，我们这一代仅仅是提出问题而已。

因为，我们这个民族背负着一座全世界独一无二的极为特殊、极为沉重的大山——落后的历史意识的大山。如果我们不能跨越这座大山，不能掀翻这座大山，我们就只能在这座大山压迫下呼呼喘气，永远不能大步前行。

历史意识，就是我们对民族历史传统与国家历史传统的基本认知，就是我们对历史遗产的评判与继承原则。没有这样的历史意识，一个民族就没有灵魂，就没有精神。

当然，我们的话题还没有结束。

既谓"举火读史"，就让这支火把继续燃烧吧。

历史的残简只有依靠思想的火焰，才能燃烧起来，照亮我们脚下的道路。

2012年1月9日·海南积微坊

三

万古秦风

关于秦人的时间简史

帝国秦人远去，迄今两千二百三十年矣！

秦之绝世伟业，不在春秋争霸，不在战国称雄，而在统一中国并创建统一文明。故，秦为中国文明正源，秦帝国乃中国统一文明之正源。秦以中国历史最短之统一政权，独能万古不朽，其光焰永恒照耀华夏族群，其因盖出于此也。

秦人多劫难，其强势奋争历史，堪称人类古典文明之奇迹。

远古之世，秦人渔猎耕牧于东方山海之间。舜帝时，古秦族群曾与大禹族群同建治水大业。舜帝因之赐姓嬴氏，并预言，嬴族后将大出天下。未几，其首领大费（伯益）被公推为受禅大禹最高权力之唯一人选。其后，大禹东巡死于会稽，禹子启发动政变，袭击嬴族，杀嬴族首领大费（伯益），始创第一个国家政权。嬴氏族群实力大损，被迫退出权力中心，流落东部山海之间匿居。

四百余年后，商汤联络天下大族，共襄讨伐夏桀暴政之大业。嬴氏族群奋然参盟，于鸣条之战建立大功，遂成为殷商王国重要诸侯，长期镇守西部边陲。六百余年后，周人灭商。嬴氏族群忠于殷商故国，拒不臣服周室，遂开始分散寻求立足之地。由此，嬴氏之庞大族群三分求生：一支进入北方山地，一支进入西部草原，余皆流散东部山海。

西周中期，嬴族凭借畜牧驯马之优势，渐为周室所重。先有北方嬴族首领造父为周穆王驯马驾车，始受封地，后成晋国赵人之祖。故曰，秦赵同源。此其时也，进入西部草原之嬴族，半农半牧，举族为兵，已在戎狄海洋血战奋争二百余年，立足陇西。周孝王时，西部嬴族受命为周室养马，大成，首领非子始受封地于西部秦邑，成为周室附庸。自此，始有秦人之说矣。

周幽王末期，骤发镐京之乱。中原晋齐鲁燕等大诸侯畏惧戎狄，不敢勤王。危难之时，太子宜臼（周平王）密请秦人救周。秦族首领秦襄大举起兵，杀入关中，血战以退戎狄，挽周室于危亡绝境。其后，秦人又全力护送周平王东迁洛阳。周王室感念秦人，遂将仍被戎狄占领的周人根基之地全数封于秦人，令秦人自己夺取以立国。秦人不辞虚名，历经两代血战，终将戎狄族群全数驱赶出关中与河西，拥有了西部广阔土地，终成名副其实的东周大邦诸侯。

强悍秦风至此一转，秦人全力向周室礼治文明回归，于秦穆公之世终成天下文明霸主。春秋末期，秦国大衰，政变迭生，私斗成风。迄至战国初期，秦国穷弱非常，被超强魏国夺取河西高原与关中东部，几近崩溃。秦孝公即位，痛感国耻，奋然求贤。法家名士卫鞅入秦，深彻变法。历经二十余年，秦国创建了根基深厚的战时法治社会，一举成为最强大战国。此后，秦人奋六世之余烈，终在秦始皇时代以排山倒海之势横扫六合，统一中国，创建了新的统一文明体系。

察古今中外之文明变迁,一族于三千年间多经劫难屡败屡起,终成不朽大功者,唯秦人也。秦统一文明之万古不灭,秦统一文明之强势精神,宁非冠绝古今哉!故曰,秦文明乃中国古典文明之绝版,秦文明乃世界古典文明之绝版。

嗟呼!万古秦风,浩浩不灭。

―― 四 ――

四起五落的大长安

在中国历史上,大长安曾长期是中国乃至整个世界的政治经济中心。所谓大长安,即是以当今西安为中心、方圆六十余公里范围内的古代建都区域。若就其直接辐射区域而言,整个关中平原和大长安是一个实际上的连带整体。这个整体区域的形成,是由其在军事上的天然要塞特点决定的。可以说,从战国时代起,自秦国稳定建立函谷关、武关、大散关、陈仓关、崤关等要塞关口后,整个关中已形成一个稳定的政治经济整体。大长安与整个关中一损俱损,一荣俱荣。大长安是关中的中心与灵魂。

数千年风雷激荡,大长安沧桑沉浮。

从大长安的起起落落中,我们也许可以看到一个古老大都会的阴影依然笼罩着我们，致使我们步履蹒跚。

第一个起落：西周崛起而春秋衰落

殷商时代，关中尚是落后的西部民族聚居区域。周灭商而建都镐京（在今渭河以南长安县韦曲西北），大长安区域第一次成为中国的政治中心。经过周王朝百余年勤勤恳恳的努力，到西周中期，大长安区域又第一次成为中国的经济中心。那时的渭水平原，井田纵横，村社相连，鸡犬之声相闻，四方诸侯进贡纳赋之车流日夜不绝，其安定富庶堪称国中之最。

关中的第一次崛起，就带有经济依附于政治的特点。

公元前771年，也就是周立国四百余年时。周幽王昏乱失政，太子宜臼的外祖父申侯为保太子当政，联结犬戎等游牧民族攻破镐京，杀周幽王。镐京被劫掠一空，又被纵火焚毁。关中也因此受到巨大破坏。

周平王被迫将都城东迁洛阳。

政治中心的转移，使整个关中陷入极度衰落。春秋时代与战国初期，关中一直和黄河中下游平原的诸侯国有很大距离。

这个起落，鼎盛了四百年，衰落了三百多年。

第二个起落：秦帝国大起而秦末大落

自秦孝公商鞅变法，关中又从长期衰落中复苏。咸阳的建成与郑国渠的开发，使作为秦国腹地的关中日渐富庶。经过秦人近二百年的全力耕战，到秦始皇统一六国时，关中已是占天下财富十分之六的超级富庶地区。

那时关中的财富，大约有一半是战争中从六国掠夺来和战后全国的赋税供养。这两者的根本，在于关中的政治中心地位。假如不是国家首都，关中的繁荣将是极为艰难缓慢的。

公元前207年，关中又一次重重地跌入深谷。

残暴愚昧的项羽，用三个月大火将繁华壮丽的关中烧成了一片焦土，又将关中活财全部掠走。金城天府的大长安区域陷入赤贫。

在自然经济时代，这种破坏是致命的。

这个起落，鼎盛了大约一百年，又衰落了大约一百年。

第三个起落：西汉跃起而汉末衰落

公元前201年，刘邦基于政治军事需要和秦人对六国旧贵族的刻骨仇恨，再次选择沦为废墟的关中作为都城，始建长安。在刘邦、吕后时期，大长安穷得只能使将相乘牛车穿布衣。

经过文帝、景帝（文景之治）的卓越努力，到西汉中期，大长安区域又重新繁荣起来。整个关中被充分开发，农商工均衡发展，达到自然经济的第一个高峰期。汉武帝再接再厉，大长安成为远远超过罗马帝国罗马城的世界中心。

公元 23 年，王莽的全面复古诱发了蕴藏已久的社会危机，绿林赤眉大起义爆发。大长安再次受到战争的致命摧残，又一次跌入历史的深谷。刘秀平定战乱后，不得不将都城东迁洛阳。

在整个东汉时代，大长安区域处于中等偏下的经济水平。

这个起落，鼎盛二百余年。东汉末期又遭董卓集团大破坏（是时长安城空四十余日，整个关中二三年间荒无人迹），致使此后的六百余年间关中与大长安区域一直处于衰落阶段。

第四个起落：大唐的辉煌与唐末衰落

公元 582 年，大长安再次缓慢复苏。

又是因为隋文帝杨坚将都城定于大长安，使关中再次成为国家政治中心。然而，只有二十六年生命的隋王朝来不及使大长安重新崛起，就被农民起义的浪潮淹没。直到接踵而来的大唐王朝，大长安才有了最辉煌时期。

　　以唐太宗李世民的"贞观之治"为基础，唐玄宗李隆基的"开元之治"将大长安推上了历史最高峰。那时的大长安，以雄厚的经济实力和恢宏的开放气度使全世界为之瞠目。杜甫有诗"忆昔开元全盛日，小邑犹藏万家室"，即是富庶大长安的生动写照。

　　公元880年，也就是大唐立国362年时，黄巢大军六十万攻破长安。此后数年中，大长安被反复的拉锯战摧毁。公元883年唐军"收复"长安后竟大肆焚掠，使长安的工商经济和民众财富受到毁灭性破坏。其后军阀混战，朱温集团拆毁长安宫室民房，威逼长安士人民众迁往洛阳，大长安从此成为焦土废墟。

　　至此，大长安结束了她的光荣与骄傲，第四次跌入深深的谷底。

第五落：漫长平庸的西北重镇时期

　　自唐以后的五代十国开始，中国的政治经济中心向东向南转移。大长安成为黄河流域一座经济落后的平庸城市。连后唐也抛弃长安而迁都洛阳。从宋朝开始，大长安仅仅成为安定西北边陲的军事重镇。明朝时长安正式更名为西安，成为名正言顺的西部军事重镇。

这是将近一千年的漫长历史。

直到 1949 年以后，西安重新成为经济文化科技全面发展的大都会。即或如此，大长安区域仍然是中国的经济落后地区之一。

大长安四起五落的几点思考

大长安历史起落的足迹并没有消于无形，它深深地融进秦人的生存意识之中。这种无形的精神决定着我们的进取幅度。

其一，依靠政治中心地位刺激经济发展的历史，给我们种下了依靠社会选择而不是主动进取的被动性格。纵观历史，凡是自然发展起来的发达地区，其区域族群性格都极富开拓性与创造性。其标志首先是喜流动善奔走的商业性格。而依靠政治中心地位发展的区域族群，则安土宿命、被动保守，主动闯世界的精神极差。

其二，经济辉煌虽已消失，但"王畿之民"的那种狂妄自大、眼空四海、冷漠自恃、倔强孤傲却深深沉积在我们的血统之中。所谓陕人的"生撑冷倔"正是指这种与发展经济截然对立的病态性格。与西安相毗邻的某市电信局和某建筑公司发生纠纷，竟不给该公司所有职工安装个人电话，其理由是"你有钱，可我不想赚你的钱"！这种令人哭笑不得的事，大约只有"生撑冷倔"的秦人做得出。

其三，作为中国最大的要塞盆地与河谷平原，关中之地从来是只畏人祸、不畏天灾。自几次大战争与政治大动荡摧毁大长安以后，秦人在社会变革面前再也没有了大的作为。其基本态度是居中静观，不吹牛、不闯祸、不当头、不当尾、一心一意做"小康"之民。这与处于四战之地的那种敢于漂泊、敢于闯荡的区域族群精神形成了极大反差。历史并没有娇惯大长安，却凝固了大长安后裔们的生存精神。

其四，不要忽视思想与精神的藩篱，不要背上光荣的历史包袱，不要仅仅将历史名城当作旅游经济的资本。历史的光焰愈是悠长，我们走出其阴影的脚步就愈是沉重。对于大长安后裔而言，更重要的是如何卸下历史的包袱、如何清洗陈旧的精神污垢。

我们没有时间去陶醉。我们也没有资格去陶醉。

五

太行巍巍话长平

亲自去看看长平大战的遗址，曾经是一个长长的梦。

虽然，2004年我已经写完了第三部《金戈铁马》，长平大战已经在《大秦帝国》中得到了完整的正面展现。可是，直到那时，我还是没有去过这方令我神往的土地。写作之中对古长平的地理地貌，是依据《水经注》等诸多古典实用文献，也参照当代历史学家的实际踏勘资料叙述的。现实的古长平，对我依然是个熟悉而陌生的地方。

诸事巧合。2007年2月，我收到了山西高平县一家旅游公司的追踪信息。这家公司的老总在我的新浪博客上留言，说读《大秦帝国》感触很深，邀请我去实地看看长平大战遗址。三个月后,《大秦帝国》第五部写完,因为诸多实际事务,我去了北京,又去了出版社所在地郑州。与出版社朋友谈及高平之事,王幅明社长与责任编辑许华伟都很高兴,认为山西是河南近邻,开车去很方便,是该去考察一番。于是,我当即给山西高平那个留言的李总打电话联系。李总很是豪爽,立即约定了时日并上路方法、接应地点等一串事项。

我没有想到的是,在王社长的周严安排下,这趟高平之行后来变成了历经高平—邯郸—安阳三地的战国之旅,令我这个旅游踏勘极少的"书房人"一时感慨多多。

险关陉口见沧桑

五月初的天气已经开始见热。

我们一车四人上午从郑州出发,在路况极好的河南高速公路网奔驰两个多小时,便进入了太行山入口。按照古代地理，我们已经越过了地貌已经无法辨认的古野王——今日繁华锦绣的沁阳平川地带。这里曾经是长平大战时秦军的总后援基地，也就是王陵秦军为保障后援而先期驻守的防地。大战开始后，精锐的王陵军北进参战，野王（沁阳）交秦军骑兵集团驻防。后来秦昭襄王进入河内，激赏民众后援，也是以野王为根基。今日，这里的历史烙印悉数被当代繁华湮没，触目可及处，平野苍苍，路网交织，杆塔连天，梯田层叠，已经没有任何踪迹可寻了。

过了野王，我们进入了"太行八陉"的南数第二个入口——太行陉。

这道陉口，是丹水出太行山的谷口。在战国之世，这个入口有一道太行关，与最南边的轵关陉遥遥呼应，曾先后是魏韩赵三国的门户地带，也是三国反复争夺的拉锯地带。这道太行陉，东南面是古山阳关（今焦作），曾经是蒙骜秦军封锁太行山南端的壁垒伸展之地；西北面是古少水，曾经是王龁秦军先期封锁上党西端的壁垒伸展之地。而今，这道险要的陉口虽然已经面目全非，却也是唯一能使人隐隐感受到古代地貌雄奇险峻的所在。平坦宽阔而又整洁的高速公路，从河南进入山西，骤然两山如壁，青苍苍峡谷高耸，清幽幽小河流淌，凉爽之气扑面而来。依稀间，尚可想象战国时代的荒莽地貌、丹水激流的滚滚波涛。若非这道长长的峡谷，任谁也想不到这里曾经是雄踞一个时代抗击千军万马的险关要塞。

峡谷入口处，山西设立了一道路政检查站。停留期间，我们三人一边各自出入公厕，一边徜徉在高岸河畔。我俯瞰着峡谷，眼见谷底一道细流淙淙南去，不禁很是怅然。那道梦中的丹水果真如此纤细，何能使秦赵大军过百万的战士与战马充足汲水，何能构成两军各自作战必须虑及的重大地理因素？显然，这道大水在沧桑变幻的两千多年间，已经被滤干了。自古太行不乏水，然今日之太行山区，却已经沦入水贵如油的干涸境地。那道太行山南麓的林县红旗渠，已经成为以生命争水的时代象征。遥想战国高山大水之雄峻奇绝，实在是两千余年依稀大梦。在战国时代，整个北方的生存环境远远优厚于江南岭南。可是，在历史的动荡中，北方的生存环境却屡屡遭受大规模的人为破坏，种种暴乱与入侵的大烧杀、大劫掠、大采伐、大毁灭难以计数。其中，尤以魏晋南北朝时期的北方胡人大规模入侵的破坏最为严重。整个河西高原（今陕北黄土高原）的苍茫丛林，在赫连勃勃的统万城（今陕西靖边）建造中，遭受了史无前例的毁灭性采伐焚烧。自此，年复一年的无休止恶化，终致今日举目荒凉的贫瘠地带。惭愧的是，作为后人的我们，并没有大彻大悟，对环境的劫掠与破坏依旧，如斯恶行尚不知伊于胡底，实在是令人莫名困惑。

"这条小河叫什么？"我想听到那个令人神往的名字。

"不知道。"一个当地人木然地回答。

从他略显忐忑的表情中，我相信，他是真的不知道。

为什么？想来想去，我终于明白，这条"山溪"太小，而且小的年月已经很长很长了，至少，已经超过了祖辈传说所能记忆的时光。虽然，我为"丹水"那个令人神往的名号心跳，但是我仍然没有话说。当历史已经从民间记忆中消失，而仅仅存在于那些发黄的纸片中时，大约任何感慨都只能是沉默了。尽管如此，我仍然没有想到，次日见到的长平古城（今日高平市）颇具盛名的民间考古学者，竟然也不知道这道流经长平谷地的小小水流就是战国时代的太行山大河——丹水！

这条小河已经改了名字，尽管我努力记忆这个新名字，可是还是没有记得住。

民间记忆已经被无数次冲刷，人们已经忘记了"丹水"这个名字。

沧桑如斯，夫复何言？

霏霏细雨中的长平古城

下午，在高速公路出口如约会合了等候我们的旅游公司副总李建平先生。

从高速公路进入高平谷口，遥遥可见四面青山隐隐，环抱一片开阔的盆地，一座整齐干净且建筑多为白色的小城坐落在盆地中央，凉爽如秋，全无太行山外的蒸腾夏热。以战国地理说，高平就是长平关遗址所在地。显然，在嵯峨纵深的上党高地，这片盆地是唯一能够纵横大军的战场，而长平关则恰恰是卡在这片盆地中央的一座险关要塞。县城面对的外围第一层山地，今名丹朱岭（古地名未考）。县城之后（西北两面）的第二层山岭遥遥可见，空间距离一定在数十里之间。

显然，这片盆地就是当年长平大战的主战场，也就是赵括大军向秦军发动第一次猛烈进攻后不得不驻扎下来的赵军主力营地所在。长平大战的所有主要遗迹，都在这片谷地周围的重重山谷之间。只有这片广阔的谷地与四周的连绵山岭，有足够的纵深，能够容纳赵括的五十余万大军驻扎，也能容纳白起的五十余万大军依据群山为战。

依据地理地貌，白起派遣王陵率五千轻兵北上，切断赵军主力营地与其后石长城后援基地之间的联系，一举遮绝赵军粮道，应该是越过第一层山岭（丹朱岭），而在第二层山地设置壁垒。若在县城西北面的第一道丹朱岭，显然是没有纵深的。大军决战，没有纵深战场的阻断行动，大体是没有可能的。白起是天才统帅，更不可能在赵括大军强大辐射力覆盖的咫尺之地设置阻断。果真如此设置，赵括大军一旦冲击，秦军连驰骋救援的纵深也没有了。故此，作为赵军后援基地的石长城，一定还在第二层山岭之后的更西北面。纵然以今日已经不甚荒莽的地理条件看，尽管白起一直向王陵壁垒增兵至五万，此举之险难大胆依然令人心惊。如此关山重叠，要在强大的赵军势力范围内的山地中找到一条缝隙之地插进去，而且要落地生根绝不许赵军突破，该需要何等的精细，该需要何等的胆魄！老实说，此战若非白起统帅，换作同时代或其后时代任何一个名将，都不可能做到。

车行入城，一路看来，这座县级市的小城很是幽静。恰恰是刚刚下过雨，白云游走的碧蓝天空下青山如黛，路面整洁宽阔，道边绿树成荫，建筑疏密有度且大多是白色或乳白色，颇有如梦如幻的意境。李主任说，因为未到下班时间，路上行人稀少。李主任先将我们领进了一家外观颇见平常的旅馆，说，这是高平市最好的宾馆了。进去一看，虽然光线略显幽暗，大厅走廊房间都不大，但整洁实用确实一流。尤其是晚上在这里聚餐之后，更觉这"最好"两字名不虚传。住好房间后，李主任说，我们可先休息两个小时，他们李总正在约请高平的一对专门考据长平大战遗址的学者父子，傍晚一起给我们接风。

王社长是个"淘书迷"，走到哪里都要上街淘书。一听还有时间，王社长立即呼吁到高平县城逛逛，看看书店。于是，我们四人没有休息，兴致勃勃地进城了。说是进城，其实也就是宾馆出来走两三百米，拐个弯就到了主要街道。莫看这座小城，书店业倒是很发达，非但有国有大书店，还有读者可以寄卖多余书籍的民营书店。王社长大有斩获，非但在那家令人啧啧称奇的民营书店淘到了几本民国时代的散文诗资料，还在另一家新华书店发现了他们自己出版社的好几种书，遂兴致勃勃地向书店工作人员调研起销售情况。王幅明兄是散文诗大家，正在筹备编选《中国散文诗90年》(河南文艺出版社，2008年)，其工作激情之高涨，实在令人敬佩。将近六点，王社长还要去最大的新华书店看看。虑及东道主之约，我们遂两路行动：我与许华伟回宾馆等候，王社长与张师傅继续淘书之旅。

天将傍晚时分，下起了霏霏细雨。

小小古城经过了下班时刻的短暂喧闹，又变得幽静如初。

赵文化的久远情结——吃白起

刚刚回房间，旅游公司的李随旺总经理与李建平副总就来了。同来的，还有一个白发老先生和一个气象蓬勃时尚的年轻人。李总介绍老人说，这是李老先生，七十多岁了，自费考古长平大战遗址十余年，有很多新发现；年轻人叫李俊杰，是老人的儿子，是后起的上党文化研究者与摄影家，社会职业是山西晋城交通稽查科科长。各个相见，遂一起到了这家宾馆很是舒适别致的小餐厅。温文豪爽的李总说，这里的上党风味很地道，也就不另找地方了，菜是高平菜，就看喝什么酒？我说，山西还喝什么酒，汾酒嘛。李总说,好,一体老山西!我和许华伟与李老先生父子一齐大笑,都说好好好,就这样了。

片刻之后,王社长与张师傅赶回,小宴随即开始。

两位老总一一介绍了各道菜。其中最具盛名的,就是由民间小吃登上大雅之堂的高平菜——吃白起,也叫白起豆腐。其形制为软豆腐,略近四川的豆花与陕西的豆腐脑而不如其白,色泽与传统的豆腐渣颇为相似。一小碗盛来,旁附一小碗醋蒜汁,用汤勺舀起(筷子功好者也可以夹)蘸着吃。据说,这"吃白起"原本是高平民间的夜色挑担小吃——每临夜色,小吃匠挑着担子挂着灯笼,在小街昏黄的灯光下默默经营,说这色豆腐是白起的脑髓。不知何年何月,这色小吃就叫了白起豆腐,或"吃白起"。顾名思义,这自然是赵文化诅咒白起的遗存——吃白起的脑髓!

细想,这道小吃应该最迟始于唐代,只能更早,不会更晚。因为,唐皇室的李氏部族以山西为根基之地,而唐玄宗李隆基居潞州时,曾亲临上党,为被白起杀降的赵军将士平冤,改名"杀谷"为"省冤谷"。

以历史的坐标推理，至少在唐代之后，上党赵人后裔必然开始具有了自觉伸展的省冤意识，各种形式的诅咒老敌人的物事，便有了产生的土壤。当然，更早之前产生，也是极有可能的，也不定是西汉时期的小吃了。

我对这道菜久闻其名，只是没见过。我颇感困惑的是，如此方便且不失为美味的一色食品，为何在外地的山西菜馆看不到？对山西饭食，我相对熟悉，海口的山西老面馆与山西饭店，我都是经常光顾的老客，却没见过有这道"吃白起"。记忆之中，北京的山西面馆，也没有这道菜。不知何故。

当时乍见这道菜，心中颇不是味道，吃了两口，终是没有继续。

那一刻，我暗暗给自己的理由是：白起杀降有罪，吃两口以示谴责，不可再吃。

当然，这一切都借着酒意谈笑淡然地过去了，谁也没有说起这道菜的本意。

"吃白起"依旧只如那盏小街市的幽幽灯火，依旧只闪烁在这片古老的群山。

民间考古奇人——李老先生父子

席间说得最多的,是李老先生父子的考古经历与种种发现。

李老先生,可以说是个奇人。老兽医,老革命,尚未退休便开始关注长平大战的种种遗迹,退休后更是以此为业,孜孜不倦地跑遍了高平山乡,多方搜集种种发掘遗物。而今,李老先生已经成为四乡民众但有发现便来告知的民间考古名人。在老先生的影响之下,少子李俊杰也因最早的辅助,变成了民间"上党文化研究会"的专家。父子俩的发现多多,专门出过一大本装帧精美的自制影集。

两人当场一一介绍影集所列藏品,众人无不感叹非常。

李老先生的最大发现有两桩:其一,十余年前于一山麓下发现一具古老干尸,其胸前有中箭痕迹。李老先生说,他怀疑这有可能是赵王(赵括)尸体。只是无法证实。我问，为何不上报，请考古专家鉴定？李老先生低声说了句什么，我没听懂。上党高平话多念去声，即或低声说话，也显得急促激烈，囫囵漏过几个字几句话，对于我这个语言能力笨拙者是很平常的。我怕老先生有难言之隐，没有再问。其二，老先生曾在民间搜购得一口出土长剑，直而长三尺，形制凛凛，只是没有剑格刻字等痕迹。李老先生说，这是赵军剑。我倒以为，这口剑很可能是秦军步卒的长剑。老父亲的藏品照片，都是李俊杰的作品。年轻人在种种介绍之后说，上党文化的研究已经很有影响，正在筹备一些大型活动。

显然，这个中国最大古战场的考古开发，还处在初级阶段。

后来，都说到长平大战遗址的开发不够。我说，我倒是有一个大规模开发长平大战遗址的策划构想，来前写了个基本构想，李总可以看看参考。李总很是高兴，说到了他们的情况。他们这家旅游公司原本是搞工业旅游的，就是将废弃闲置的历代老矿井，以及当代已达开掘极限的矿井，重新收拾，供游人下井游览。后来觉得，仅仅这样游客太少，遂有意参与地方古迹旅游业的开发。身在高平，自然想到了开发长平大战遗址，可是因为种种原因，他们目前还没有这个项目开发权，目下只是关注，真要做，还得等待时日。大家一番感叹，无不期望长平大战遗址得到相应程度的大开发。

时近深夜，上党小宴结束。

李总约定：次日由他与李老先生陪同我们踏勘重要遗址。

杀谷的困惑

次日清晨，天色有些阴沉。

精神矍铄的李老先生，在李建平副总陪同下如约前来。年轻朋友李俊杰因为上班，没能前来。于是，我们两辆车准时出发，向最具大名的"杀谷"开去。高平县城很小，没有高楼大厦，没几分钟我们便出了城区，西行进入了草木荒莽的城郊。

青苍苍的山岭越来越清晰。大体是不到三五里地的样子，我们进入了一片外观无甚奇特，山岭也并不险峻的谷地。谷地入口处，是一个很大的依山展开呈半圆形的盆地。盆地里，有一个小村落，鲜见村人身影，一片宁静。停车在一片空地后，李老先生指点说，这里叫作"谷口"，是今日村庄的名字。出谷口，走上了一条乡间土公路式的坡道，登上坡顶，便是这片谷地的最高端。举目所及，除了一座小庙，再没有建筑与民居。站在庙前坡顶四面望去，三面青山环绕，一面向丹水谷地敞开。盆地小村落与高坡的后面，都是林木茂密的重叠山谷，显然是还有纵深。遥望之间，李老先生与李副总说，许多考古学者都认定，这里不会是白起杀降之地，因为这道山谷太狭小，他们说把这里当成白起杀降地很可能只是传说。

当地人怎么看，你们呢？我问。

李老先生笑了笑，没说话。

李副总说，他们也觉得不可能在这里坑杀四十万降卒，这片山谷太小。

大家所说的山谷，仅仅是坡下这片谷地吗？我问。

李老先生与李副总都只笑了笑,似乎不太明了。

细想之下,也难怪"民意"如此认定。我读过山西省地理研究家靳生禾、谢鸿喜两先生的实际踏勘考据著作《长平之战》。他们认为:"省冤谷……其实,系历代集中掩埋各处暴露之长平之战遗骸处。"[1] 专家如此认定,自然使民间游移不定。

就实说,这片被唐玄宗定为"省冤谷"的谷地,应该就是白起下令秦军坑杀赵军降卒之所在。以眼前地貌,这片谷地确实很小,大约密密麻麻站满人,也不过是三两万人容身之地。可是,若将后面的山谷纵深包括进来,再褪去两千余年的地貌变化因素,尤其是当代交通(山村公路)的开发与人口激增对环境的破坏力,还原这片重叠山谷的历史原貌,一定要比眼前的浅小情境更具广袤与纵深。至少在唐代,这里一定还是荒莽重叠的险山峡谷。否则,学问颇深的唐玄宗,不可能凭空认定这里就是杀谷。另外一个因素是,赵括大军历经四十余日饥饿与几次惨烈的突

---

[1] 靳生禾、谢鸿喜:《长平之战》,山西人民出版社,1998年,第124页。

围战，不可能没有重大伤亡，降卒四十万显然有所夸大；若合理推定为二十万降卒，则这片地貌足以完成秦军杀降。同时，历代文献（譬如《太平寰宇记》等）大都认定这里是杀谷（杀降之谷）。要推翻这个定论，只怕很难。

据柏杨先生的《白话版资治通鉴》之考据评述云：直到民国时期，这道山谷内外与丹水旷野，还常常能在暮色中听到奇特的隐隐如天际雷声的战马嘶鸣与喊杀声，村民动辄便能挖到白骨骷髅。客观地说，战地考据不是发掘文物之考据，不能纯粹以目下实物（地貌）判定是否，而当以诸多因素合理推断研究。

高平市有一家政府经营的旅游公司，目下，长平大战的遗址开发权与旅游经营权都是政府的。这家公司在已经认定的重要遗址，都立有标记，也建了一处长平大战纪念塔。可是，在这片谷地外面，却没有标志。显然，是没有被相关专家部门认定的结果。也就是说，这片杀谷，尚未被正式确认为白起杀降之地。

如此造成的现实是：长平大战最为历史所攻讦、最为当代人所关注的一处遗址，至今尚在不明朗之中，而怀疑古典文献之认定，又没有足够的理由。

这种困惑，本该早日打破。

骷髅庙与白骨坑的尴尬

杀谷坡顶的那一座小庙，叫作骷髅庙。

这座庙很小，大体比旧时北方常见的土地庙略大，建在一座本身便叫作骷髅山的小丘上。据实际踏勘，这座小丘高约20米，周围300米。从外观看，小庙主体是三四开间一座大屋，现今没有围墙。登阶进门入内，主神堂是骷髅王赵括的神位与塑像。殿前立有明代万历三十七年的一座《重修骷髅庙记》石碑，碑文最后说，骷髅王就是赵括，名号是从唐玄宗"省冤"时期开始的。第二进是一座小院，三面厢房，各有些许遗物留存，也有部分古人凭吊诗词的复制件。

诗词中比较具有代表性的，是明代人于达真（身份不清）的《骷髅庙》，诗云：

此地由来是战场，平沙漠漠野苍苍。
恒多风雨幽魂泣，如在英灵古庙荒。
赵将空遗千载恨，秦兵何意再传亡。
居然祠宇劳瞻拜，不信骷髅亦有王。

目下，骷髅庙是高平市文物保护遗址之一，有一个显然不是专业人员的老人常驻看管。寻常时日，这座庙未必开门。我们去时，是旅游公司事前联系的。饶是如此，也是在我们到达后大约顿饭时光，老人才来开门。老人没有一句话，只拿着钥匙开了庙门，便自顾进自家的小房间去了。看我们来了，庙门开了，恰好赶到的两拨游人也高兴地顺便看了。实话说，这座庙不是长平大战遗址，而是后人的奇特凭吊所衍生的奇特怀古方式的留存。从某种意义上说，它的存在似乎与"吃白起"的烧豆腐有些类似，都是一种凄惨迷蒙的悼念情怀所催生。因为太另类，所以始终无法成为富有文明历史内涵的历史遗存。大规模修缮吧，赖以立足的历史内涵不足；放任不管吧，它又实实在在是一座历史遗存。所以，在至今仍然没有院墙的情况下，它只被略加修缮，孤零零地矗立在不甚高的小山坡上。明代人精于建筑，至今保存完好的砖石城堡遗址，大多是明代建筑，譬如西安城墙、南京城墙、八达岭砖石长城等。明人重修骷髅庙，不可能没有起码的外墙。

大约十点之后，我们到了名声相对较大的开发遗址——白骨坑。

这座开发遗址，也是寻常不开门。李总在我们之前赶到，已经约好了工作人员前来"营业"。我们到达时，远远便望见一座缩小许多的兵马俑式的白色保护棚，显然是一处相对正规的开发遗址。棚外是一片空阔的水泥场院，有一座小小的白房子。此时，工作人员刚到，开了外面的小房子叫我们进去买票。房间不大，里面很凌乱，完全是一个单身汉住所的模样。一张票好像是十块钱。李总买的，记不清了。

打开遗址保护棚大门进去，高大宽敞，只是光线幽暗。全部遗址是一片约两三百平方米的白骨坑。据说明文字，这里原本是农民不意发掘出的一片尸骨遗存，裸露在外的大约只有十几具；据专家考证，这是长平赵军的一处尸骨坑，周边还有大量尸骨没有发掘，正在动议第二期开掘，因之，这里被命名为一号坑。引起我们注意的是，这片尸骨遗址馆是日本人捐助开掘并建造的。据说，当年开掘时，找不到相应支持资金，一个多年关注长平大战遗址的日本人得知消息，立即表示愿意捐助开掘。

日本人为什么关注？为什么愿意捐助开掘？

工作人员木讷地说，不知道。

李总他们也都说，不清楚。

据说，日本人还力争要继续捐助开掘，中国方面似乎没钱也没态度。

一切，似乎都透露着一种无法言说的东西，都透露着一种不同于任何历史遗存那种阳光明亮面貌的另类气息。这里，没有因古文明所激发的骄傲感，也没有旅游地居民的热情与好客。一切都很淡漠，一切都很无所谓。后来，我们走进了一所小学校所在的村庄，与校门口的村人说了一阵，情形有些不同。但总的说，还远远不是旅游区民众的正常状态。

让文明阳光照亮幽暗的心结

民众的另类心态,来源于"非秦"历史烟尘的污染。

唐代之后,对秦帝国的原罪式定性几乎已经成为铁案。一切与秦国、秦帝国相关的战争或经济政治作为,都被打上了"暴政"印章,关于长平大战的研究更是如此。一千多年来,所有的诗词史论与官方言语,都将长平大战当成了一场罪恶的战争,而其轴心,自然是白起杀降。司马光、王守仁等宋元明清大家,无不单纯以"善恶"论长平大战,对秦军一味视为暴虐,对赵军则一味呼冤,以长平杀降代替了长平大战的全部。民众受此浸染,遂生出多多不能化解的幽暗习俗与心态。直至当代,这种心态依然没有大的改观,实在是影响开发长平大战历史遗址价值的最大障碍。

这一障碍的现实表现是:国家尚未认识到大规模

开发长平大战遗址的巨大意义，而由当地政府主持的开发，则多受民俗或自身观念影响，不能客观全面地评价长平大战，因而也就无法全面展现大战全貌。其着力点，只在彰显杀降蒙冤的凄惨一面，以及民俗与历史遗存的另类一面。如此，则使这种开发与旅游，带有显然的偏狭色彩，整个社会似乎又难以接受，既影响遏制了客源，又给大规模开发带来微妙的障碍。

这种状况，山西的研究家们早早已经注意到了，靳生禾与谢鸿喜先生在《长平之战》的"晚近研究长平之战的概述"一节中说：

> 从不同视角对长平之战进行专题研究者，张领先生在《山西师范学院学报》1959年第2期著文《古长平战场资料研究》，认为研究长平之战，不应像旧史家若何晏、司马光、王守仁那样，只单纯地从秦坑赵俘考虑善恶得失，其实这一点不过只宜作为处理俘虏的一种方法看待，惨则惨矣，亦自有其客观因素；重要的在于着眼秦国赢得这次战役的整个因素，即"当时的秦国已经成为一

个朝气蓬勃、富强先进的国家,无论经济上、社会制度上、军事上以及作风上,都有它取得战争胜利终于统一六国的内在因素"。

这种理念,无疑是文明史的广阔视野。可是,悠悠半个世纪,现状依然不容乐观。幽暗的历史心结,需要文明发展史的阳光来照亮。清除历史谬误的烟尘,还需要我们付出艰苦的努力。长平大战是兵法的最高典型,期盼这一历史遗址早日得到大规模开发。

六

中国文明史最为绚烂夺目的血花

春秋战国,是一个由渐进变革进入剧烈变革的大黄金时代。

出自《诗经》的许多惊心动魄的诗句,都是那个时代深刻而真实的社会精神体验。"烨烨震电,不宁不令。百川沸腾,山冢崒崩。""高岸为谷,深谷为陵。"这类词句无一不将遥远天宇曾经鼓荡起的壮阔的历史风暴辐射出来,弥散出来,两千余年之后,犹自传递给我们一幅令人心神激荡的风云雷电大象图。

那个时代,诞生了一个叫作"士人"的阶层。

士这个阶层,不是贵族,不是奴隶,不是工匠,不是商旅,也不是农夫。他们不是寻常的"国人",而是国人土壤中滋生游离出来的一批以研修特定艺业与追求特定价值为人生目标的形形色色的流动者。如果非要找这些人的基本共同点，那么，知识技能与自由独立，大约是两个最大的基本点。

他们是这样的一群人——无论有没有固定的谋生职业，他们都在孜孜精进地奋争，都在特定的领域达到当时社会的最高认知水准；无论生存状态如何，他们都有着昂扬饱满的生命力，都在为实现自己的人生价值而进行着最为顽强的追求；他们是一群精神本位者，自由独立的人格、笃定不移的信仰、尊严、荣誉与功业，对于他们比生命更为重要；他们分门别类地探究真理，分成了诸多形质各异的学派与专业，相互争辩、征服、砥砺，从而达到了最高状态的和谐共生；他们代表着专业知识、社会良心、社会理想、普世价值，乃至涵盖面最为广阔的社会正义。

大体说来，他们是当时社会的中产阶级。无论是沦落的贵族，还是小康的平民，甚或是先代奴隶的蜕变，他们大体都是不穷，不富，读得起书，游得起学，人人学有所长，个个都有争心。他们有资格有能力走进庙堂，但是，他们却没有先天的政治地位，不能对社会推行自己的主张。他们的前途，必须靠他们自己奋争。他们的价值追求，必须靠自己的顽强实践去实现。因为不富，他们只能身着布衣，故而通常自嘲为"布衣士子"。

久而久之，"布衣之士"便成了这一阶层的社会称谓。

布衣群体的轴心，是研修为政之学的各派士子。

正是这批布衣之士，鼓荡起了社会变革的浪潮。

在那个"求变图存"的时代，一大批布衣名士自觉地卷入了历史大潮，既强烈地追求着自我价值的最大实现，又自觉担负起了天下兴亡的重担。他们的生命和信念，融入了当时的国家生存竞争，融入了当时的社会变革洪流，也融入了华夏文明史的发展进程。从这一意义上说，他们的个人命运已经变成了国家命运与族群命运的缩影。他们的自我价值实现得愈是充分，他们融入国家命运的程度愈高，他们的命运自由度就愈是狭小，甚至最终完全地丧失了对自我命运的支配权。

纵然如此，他们死不旋踵，义无反顾，一代一代地推进着社会变革。

那个时代的布衣政治家辈出，是中国历史上最为壮丽的一道政治文明风景线。这道政治文明风景线，世世代代地激励着我们，引领着我们，感动着我们。这些布衣政治家们的命运，大体可以这样概括：他们应时而动，以无与伦比的超前理念与惊世骇俗的才具节操，做了社会变革风暴的历史推手；最终，他们往往又被反变革风暴推上国家命运的祭坛，成为变革所激起的社会震荡的牺牲。

布衣政治家的鲜血，是战国大变革最为深刻的历史标记。

这种悲剧牺牲，往往是一个国家兴亡的历史十字路口：或以布衣政治家的牺牲消弭了社会利益集团间的巨大裂缝，从而使国家变革获得继续发展的巨大空间，保持了国家的持续强盛；或以布衣政治家的牺牲导致了变法势力的全面失败，国家命运日渐黯淡，乃至最终灭亡。

商鞅之死，是前者的典型。

吴起之死，则是后者的典型。

历史展示的法则是：某种社会变革愈是松缓平和，社会付出的种种代价便愈小，当然，社会发展的步伐也小也慢；某种社会变革愈是剧烈深彻，社会牺牲的种种代价便愈大，当然，社会发展的步伐也大也快。人类千百万年的变革历史，就是这样走过来的。

唯其如此，春秋时期相对松缓平和的渐进变革中，发动并主持变革的政治家们的死难牺牲便很少很少。整个春秋时期三百余年，直接因发端或介入变法而被杀者，大约只有一个半人。一个，是郑国"作竹刑"的邓析。半个，是越国实行平和变革的丞相文仲。文仲最终被杀的真实原因，基本面在于权力斗争与君主猜忌，而不在于推行变革。故此，文仲只能算得半个变法牺牲者。春秋时期更多的变法政治家，大多是执政到老而正常谢世的。齐国的大改革家管仲、郑国的大改革家子产等，都是强势而终的。

战国时代则大大不然。

那是一个"凡有血气，皆有争心"的"多事之时"，"大争之世"。

其时，国家竞争空前剧烈，强则存，弱则亡，结局几乎是立见分晓。烈烈大阳下，强势生存成为最为普遍的社会精神，求变图存成为国家政治的不二大道——变则强，不变则亡。国家要强大，只有走变法大道。

此等普遍精神激荡之下，变法图强的浪潮空前奔涌，社会利益的重新分割空前深彻，族群与个体的生命状态空前饱满，国家权力中枢的使命空前鲜明，各国对种种人才的需求空前急迫，变法与守旧的争夺空前激烈。这既是历史的总体背景，又是现实的总体潮流。作为现实的国家与现实的个人，每个国家，每个个人，都是历史背景的一分子；每个国家，每个个人，都是现实潮流的一朵浪花。

在这种综合社会条件下，战国的"变法"与春秋的"改制"，便有了极其重大的不同——战国变法更接近于社会革命，春秋改制则更接近于社会改良。正因为战国变法所具有的这一历史特质，发动与主持变法的布衣政治家们的流血牺牲，几乎必然地演化为一种普遍的历史现象。

为变法死难，是战国时代布衣政治家的历史

宿命。

战国布衣政治家的牺牲精神,是中国文明史最为绚烂夺目的光华!

唯其有如此雄强的社会土壤,有如此一个敢于为变法牺牲的布衣政治家阶层,战国时代的文明发展,获得了古典时代最大的历史跨越。华夏文明历经两百余年的血火锤炼,统一的潮流终于得以汇聚成无可阻挡之势。

最终,这一时代成为开辟中国文明正源的伟大时代。

七

净土祖庭香积寺赋

巍巍秦岭兮，古曰南山。扼守中国之地脉，人谓华夏之干龙。挽江河两大水系，立周秦汉唐雄风。荟萃人文，聚结风华，激荡兴亡，培育文明，独成我族五千年历史之大胜境矣！

东汉伊始兮，佛教入我华夏。煌煌盛唐，融汇中华人文精神，佛教大兴神州四海，生成中华文明又一支系。其时也，印度佛运式微，梵土教法渐隐。嗟乎！天地造化神异兮，中华佛教遂成世界佛教之关键根基焉。悠悠千载之下，国家多难，民生多艰，唯佛教以精神安抚之功，独能使寺庙遍布市井山林，终成中国文化之大景观矣！

察南山内外兮，多有名寺古刹。佛教十宗兮，六宗祖庭居南山之境。悠悠乎星罗棋布，错落隐伏林海山原之间。中有香积寺者，净土宗之祖庭，天下名寺也。

　　香积寺者，创立于盛唐高宗年间。居樊川之畔临水而立，应南山之巅云峰高举；松涛荡荡，气象万端；金顶耸立，佛号庄严；高僧多有，信徒如流，诚为唐时南山一大圣境哉！其时也，善导大师精研佛教，所创之净土宗已大行天下。历经南北朝动荡战乱，佛教一时式微焉。至于唐时，法照大师入长安，弘扬佛法，兴建寺庙，号曰香积寺，以为净土教派立宗根基。千余年间，屡经岁月动荡，或起或伏，或隐或显，多有跌宕；然，其在佛教诸多教派中，独能巍然存在，或为净土宗信徒圣地；根本处，在于教义渊深纯正，立足人伦修身根基，深具哲学高度是也。

　　今时过境迁，虽形胜不在，然古寺犹存，诚赖佛教之笃行精神焉。

八

咸阳精神赋

思我咸阳,历史悠长。战国中世也,秦人困境大争,孝公商鞅力行变法,废井田,开阡陌,立法治,尚耕战,千古巨变而秦国崛起矣!

变法大潮方起,秦人于渭水之滨创建大城,山水俱阳,故名之咸阳,迁为秦国新都也。咸阳立都伊始,秦人浴血奋争一百五十余年,六代法治不移,万众强国不息。及始皇帝之世,举国合力,大出天下,统一中国疆域,创建统一文明,达世界古典文明之巅峰。其时也,咸阳为大中国帝都,风华绝代,融合九州,引领文明大潮,周流天下财货,煌煌功业如万古山河哉!

迄于今世,改革开放,咸阳轵逢历史转折之新时期也。于今振兴，上下同心共识，立我咸阳城市精神云：尚法治市，包容创新。承历史传统，明现实使命，八字精神之精义也。尚法者，社会统序之根基也；治市者，公民修为之依法也；铸根基而立境界，是为咸阳精神之大道哉！包容者，四海融通之政道也；创新者，百业兴旺之动力也；政道明而动力强，是为咸阳发展之魂魄哉！

察我咸阳，立于华夏统一之世，续于文明重建之期，任重道远，生计繁难。唯其理清历史根基，开创今世大道，始能振兴咸阳，无愧于中华统一之第一大都也。信我千万咸阳民众，皆具咸阳精神，咸阳发展之路自在脚下焉！

(三) 斯人

九
抡才亭

雄杰失明忌才杀士汗青终须论罪

栋梁错阵明锐不隐谋国毕竟有功

——孙皓晖 2022 年盛夏撰

释义

抡才亭者，名士杨修纪念亭也。亭名亭联，皆有其学。

抡才，春秋战国概念也。原意为工匠进入山林，选择有用之材以建造房屋；引申之意，国家及社会对人才贤士之遴选也。春秋战国时代，士林每每有评论天下名士以定大才的聚会，多称之为"抡才大典"。杨修之悲剧命运，本质是曹操选择人才之认知错误所导致。是故，以"抡才"命名该亭，对后人多有警示意义。

上联说曹。纵是统一中国北方之雄杰，但因人才认知有误而错杀名士大才，确属认知失明，终究有罪之行也，不能因其功业而隐其杀才之罪。汗青者，史书别称也。

下联评杨。杨修悲剧命运，两大根源也。其一，栋梁之材身居高位，任职曹操丞相府主簿（秘书长），然政治上站错了阵营，成为曹植集团主要谋士，无意成曹丕政敌，亦成曹操心病。其二，杨修恃才傲物，不解隐藏锋芒，多次破解曹操政治军事隐语，又多在无关紧要之琐事上不适当显露过人才智，迫使曹操公开自认才思比杨修差距"三十里"。高层政治当有之明智，杨修有差矣。唯其如此，曹操警觉杨修才华之士，留于曹植可能构成隐患，遂加杨修"内泄机密，外结诸侯"之罪名杀之。

杨修被杀，自觉莫名。懵懂而去，时年仅四十五岁。人生憾事，莫过于此矣！杨修忠于曹植，亦曾在曹操军国谋划中立下诸多功劳，终究于国家有功。论人才之贵，无疑错杀。论国政之道，殊有可说。种种历史启迪，皆在今人之悟也。

——孙皓晖谨说，2022年仲夏

十

墨家不朽

多少年来，每次翻开《墨子》，都有一种不同寻常的心跳。

墨子的思想，是一团熊熊燃烧的火焰。墨家的作为，是一口凛凛威慑的利剑。墨家的信念与追求，最鲜明地凝聚了战国大争的万千风貌。社会精神的激越阳光、国家竞争的血火灾难、布衣士子的独立自由、人民大众的朴实高贵、理性天宇的深邃神秘，一切都可以从墨家的跌宕起伏中浓烈地放射出来。无论你从哪个方面去解读，你都无法不为之感奋异常。何谓思想的冲击力量？不读《墨子》，无以领略。

在中国五千年文明史上，没有任何一个学派能像墨家这样，透过漫长的时空隧道依然给人以强烈的冲击感——如饮烈酒，如遭棒喝，如隆隆雷声响彻多雪的冬天！

墨家是中国文明史的一面独特旗帜，迭遇凛凛风霜，终究猎猎飞扬。

这面旗帜上，用鲜血写着大爱，写着和平，写着平民，写着理想。

古老的中国大地上，曾经跋涉着一个夸父逐日的大师，摩顶放踵，载渴载饥，目光如炬，步态赳赳。大师的身后，聚结追随着一群年轻奋发的通才名士。他们身着布衣，赤着脚板，行囊中背负着几卷竹简几件衣衫，手中提着一口随时准备出击的阔身短剑，风餐露宿脚步匆匆地奔向遭受侵略的弱邦城邑；遭遇强敌，他们赴汤蹈刃，死不旋踵；消弭战火之后，他们立即折返，既不图报，更不索恩；即或于饥渴夜半，面对不愿接济他们的负恩民户，他们依然平静如常毫无怨色，依然脚步匆匆地回到自己的山野营地，立即开始桑麻耕稼读书习武的自立生活；辄闻警训，则立即再度出动。日复一日，年复一年，直至他们赖以生存的根基消失，直到他们的理想消弭在广袤的历史天宇……

这，就是被历史"遗忘"了两千余年的墨家。

他们的精神，必将长久地燃烧在我们的心灵世界，烛照着灵魂角落的幽暗。

凡是创造了大文明系统的民族与时代，都曾经涌现过超越时代而追求不朽精神，并最终以其悲剧性牺牲而开辟人类特定信仰的圣哲人物。古希腊，有过苏格拉底。古罗马，有过耶稣。古印度，有过释迦牟尼。我们这个古老的华夏民族，则有过墨子，有过墨家。虽然，圣哲人物所处的社会背景有别，生命的坎坷磨难不一，各自的信念追求不同。但是，他们生命轨迹的本质则是同一的：为了不被世俗人群与强力世界所理解的高远理想，为了一种普世价值，义不容辞地选择了实践与坚持，选择了流血与牺牲。

墨家之于社会正义，具有自觉殉道的特殊本质。

墨家选择流血，选择牺牲，既不是基于特定的权力斗争，更不是基于学派团体的自身利益。墨家的自觉选择，是基于抗击侵略的"非攻"精神，基于深重的民生苦难，基于深刻的草根立场，基于浓烈的平民意识，基于高远的理想与信仰。从最普通也是最扎实的层面说，以墨子与墨家子弟的惊世才具节操，任何人要谋得一个显赫的官位，或只要点点头接受任何诸侯国的盛邀而跃身贵胄行列，都决然不是难事。原本，他们可以生活得很舒适，很贵胄，很荣耀。可是，他们没有这样做。不是不能，而是不为。他们自觉地选择了艰难的苦行自立，自觉地选择了流血牺牲的救世生涯，自觉地选择了最大限度地传播爱心，自觉地选择了将社会引向正义与和谐，自觉地选择了与当时暴政力量的对立。

因而，墨家精神具有了穿越时空的感召力量。

墨家的几乎所有理论与主张，在当时都是另类的，不合于世俗思维方式的。对于后世而言，更有一种异物植入原体的鲜明不适感。从当代高端文明的视野回眸历史，我们完全可以明确：若非那个时代百川沸腾百家争鸣的社会土壤，肯定不会催生出墨子，不会孕育出墨家。从这个意义上说，墨家是中国原生文明时代独一无二的精神遗产，是我们民族精神丰碑上最为独特的绚烂篇章。

这种独一无二的风采与光芒，究竟是什么？

墨子思想的基本点有十大主张，我们以最简单的方式浏览一番——其一，兼爱：天下兼相爱，是墨家的最高理想。其二，非攻：抵抗侵略战争，以学派之力自觉介入国家争端。其三，尚贤：治理国家，必须将崇尚重用贤能之才放在第一位。其四，尚同：治事治国，以众议是非同之于上为本。其五，非命：不信命，信命是天下大害。其六，非乐：反对贵族的奢靡礼乐，主张禁止这种文明挥霍。其七，节用：以节俭为美德，"俭节则昌，淫佚则亡"；贵族的奢靡行为是"厚作敛于百姓，暴夺民衣食之财"。其八，节葬：厚葬是穷民贫国之道，久丧是寡民伤人之术，应当减少丧葬浪费。其九，天志：上天意志是天下万物的规矩，是最高正义标尺。其十，明鬼：鬼有明察秋毫之能，有尚贤罚暴之威，不可欺罔；不管你隐藏得多深多远多隐秘，不管你多么富有，多么尊显强横，只要你无端作恶多行不义，必将遭到鬼神的惩罚。

墨子的十大理论，处处闪烁着人性与正义的光芒。

终其一生，墨子都在强烈实践着自己的理念，传播人人兼爱，呼吁社会正义，制止凌弱侵略，推动民生工程，扶助爱民官吏，铲除暴行政治。凡此等等社会行为，都使墨家成为强力介入当时社会现实的一支最为独特的力量。从本质上说，墨家不是游侠。他们不坏良法，不乱善政，不以伸张个人私怨或助人复仇为目标。然则，从行动方式上说，墨家不以任何国家的法令为准则，而只以本学派信念为行动准则，对自己认定的非正义国家行为断然狙击，又具有某种程度的乱政乱法的游侠特质。

这真是中国文明史上最为奇异的一道信仰光芒！

这道特异的光芒，刺得所有的庙堂力量眼睛发花，倍感威慑。唯其如此，墨家难以见容于稳定的大一统时代。墨家的遁迹，几乎是必然的。不遁于秦，必遁于汉，也是必然的。墨家迅速进入历史的冻土地带，实在是无可奈何的一件事。

墨家走出尘封与冻结，得感谢时代的进步。

但是，如何看待墨家，仍然是文明史的一个久远话题。

莫非，这道奇异的光芒是我们永远的一个梦想？

十一

岭南一抔土，秦人万古魂

前日去广州，专门看了南越王墓博物馆。

这座因古墓地发掘而建起的博物馆，坐落在广州市中心越秀区的一片昔日小山上，其造型外观平常，渐次登高入内，则立见雄奇峭拔，结构宏大纵深，室外建筑色调全部为棕色与黄色之间的岩石色，弥漫着一种颇具神秘的南楚神韵。因一处小型古墓的发掘而建成一座如此气势的博物馆，岭南新文化的大手笔实在令人感佩万分。

这座南越王墓的墓主不是秦军后期名将、第一任南越王赵佗，而是赵佗的孙子、第二任南越王赵昧（音"默"）。1983年，广州市某开发商因为建公寓楼，在山腹中发掘出了这座小型古墓。根据墓中出土的各种印玺及实物判定，这是西汉时期第二任南越王赵眜的墓葬。这是整个岭南三郡（南海郡、桂林郡、象郡，大体包括今日广东、广西、海南、云南及福建一部分）在当代文物考古中发现的层级最高、规模最大、时间最早的大型文明遗址。故此，富裕的广东省以空前的大手笔，修建了这座历史博物馆。目前，广东省的其余博物馆都已经免费对公众开放，唯独这座博物馆因其在岭南的特殊文化价值及文物保护的具体技术问题，还没有免费开放。但是，一张门票只有12元，确实也算是少见的低价位了。与广东省处处可见的近现代文物遗存相比，这座意味着岭南文明早期足迹的遗址的保护，其精其细有过之而无不及。

谁云岭南无文？谁云岭南唯洋？

这座巍然矗立于闹市的博物馆所寄托的文明情怀，令多少中土人汗颜。

看到这座南越王墓，不能不想起赵佗。

在时断时续的大雨中，我们在博物馆一直徜徉到闭馆清客。逐一蹚过狭小而保护精致的墓室，逐一端详着一件件末世秦军的遗物，我心中完全没有墓主赵昧的名字,而总是为赵佗将军,为这位深具民族大义的首任南越王深深哀悼。赵佗这个名字,在岭南可谓如雷贯耳。但在中土地区,在赵佗将军真正的故乡,赵佗这个名字却已经鲜为人知了。

始皇帝亲政以王翦、蒙恬重建新军,麾下齐刷刷涌现出一大批年轻将领。当时,赵佗是秦国大军中最年轻的将军。因为秦国名将之多冠绝一时,也因为赵佗年轻需要锤炼,他在灭六国大战中未曾崭露头角而见于史书。在王翦统率举国六十万大军南下灭楚时,赵佗依然是年轻的方面将军。赵佗形迹见于史书,是从秦军越过五岭进入海天南疆开始的。依据史料推断,赵佗的足迹是:王翦病故之后,南下秦军分为两路,一路是屠睢统率的闽越军,一路是任嚣统率的南海军;军力分布上,南海军大大强于闽越军,其后更以南海军为总节制;其时,赵佗在南海军中是主力大将;始皇帝末期,任嚣病逝,赵佗接掌"南海尉"成为秦帝国南海军与闽越军之总司令。其后不久,中原大动荡,赵佗之一系列作为,方才大大彰显于历史。

人们探讨秦亡之密,一个最大的疑团是:秦军的南疆主力——南海军与闽越军为何没有北上中原平乱？以当时的交通条件，南海秦军从扬越新道北上完全是快速化的，完全来得及。可是，何以在九原新统帅王离率九原军的最后一战失败之后，在章邯的刑徒军失败之后，南海大军仍然没有北上？他们不忠于秦帝国吗？他们背叛了秦帝国吗？

历史烟雾对秦帝国历史的扭曲太大太大，我在《大秦帝国》第五部中已经对这种种谜团都作出了依据史料逻辑的推演再现，不想在这里重复了。我要说的是其后赵佗的华夏文明情怀。

赵佗的动人之处，在于他是最后一个充分体现了秦帝国华夏文明襟怀的秦军名将，也是老秦人族群中最后一个具有秦人天下风骨的首领。中原动荡，赵佗南海军封锁了扬越新道，使中原战火与项羽集团的大破坏无法祸及岭南。同时，赵佗的南海军与先期的中原移民，在岭南三郡实行变法，使岭南部族私斗的风习大为改观，是开发岭南三郡的伟大先驱。及至西汉建立到汉文帝时期，赵佗已经可以宣称南海军"带甲百万有余"了。赵佗之令人感喟处，在于当汉文帝派出陆贾为特使，愿意承认赵佗政权的王国地位且与其平等相处时，赵佗选择了向西汉称臣。

赵佗对汉文帝的回书，百味俱在，择其核心录之如下（《汉书·西南夷两粤朝鲜传第六十五》）：

……老夫身定百邑之地，东西南北数千万里，带甲百万有余，然北面而臣事汉，何也？不敢背先人之故。老夫处粤四十九年，于今抱孙焉！然夙兴夜寐，寝不安席，食不甘味，目不视靡曼之色，耳不听钟鼓之音者，以不得事汉也……老夫死骨不腐，改号不敢为帝矣！

一句"不敢背先人之故"，浸透了多少南下老秦人的血泪？

将军之"先人"者何？老秦人族群也。"先人"之精神何在？在老秦人族群的维护华夏文明统一的铮铮风骨，在宁舍小群之利而顾全大局的天下胸襟。南下岭南的秦军原本二十万上下，所谓五十万者，包括了始皇帝后续派出的三十万中原男女精壮。所以，赵佗的南海军,事实上是包括了新移民的一个以老秦人为轴心的中原新族群。赵佗晚期,这个新族群已经常居岭南六十余年——赵佗在位六十七年,惊人的长。六十余年而赤心不改,终使岭南三郡完整复归华夏文明体系,赵佗之伟大可见矣!

岭南一抔土,秦人万古魂。

而今的岭南人,血脉里一定流淌着古老秦人的热血。他们柔韧强毅,每每在时代转折时求变图存,尤其在近现代史上更是光华灿烂,令人无限感慨。作为中国人,让我们记住赵佗这个老秦人的名字,记住那支不远万里跋山涉水到岭南的秦国大军,记住那群中原移民,记住我们的文明足迹。

十二

千古名将，故乡史碑

《唐卫国公李靖》[1] 序

一

唐初李靖，是中国历史上罕见的千古人物。

所谓罕见，是说李靖是兼具政治家素质的大军事家，同时又是统帅大军驰驱疆场从无败绩的战场名将。在中国历史上，春秋战国秦帝国三大时代的全才雄杰灿若星云，不可胜数；在此之后，这样的文武兼具而又成功实践的国家栋梁，已经越来越少；至宋以

---

[1] 《唐卫国公李靖》，刘磊主编，中国文史出版社，2015年。

后，乃至于寥若晨星了。宋人曾经汇编了中国历史上堪称经典的七部兵学之作，号为《武经七书》。这七部兵书是：

其一《孙子》（今日誉满的《孙子兵法》）

其二《吴子》（战国大军事家、名将吴起的兵法）

其三《司马法》（以司马穰苴兵法为基础的春秋兵法）

其四《尉缭子》（战国军事家尉缭的兵法）

其五《三略》（战国末期至西汉初期的无名氏兵法）

其六《六韬》（托名太公望的战国兵法）

其七《唐太宗李卫公问对》（唐太宗与李靖兵学问答）

从历史实践看，宋人汇编的《武经七书》确实堪为中国政治军事学的七部经典。因为，自宋以后的元明清三代，中国的政治军事学大为萧条，进入了有名将而无兵学大家的战争文明衰退时期。自1840年进入中国近代史，则热兵器时代开始，另作别论了。也就是说，在整个中国四千余年的古典文明时代，唯有唐代李靖在政治军事学方面达到了与中国最辉煌的春秋、战国、秦帝国三大时代兵家可以并肩的历史高度——政治素质、军事思想、战场实践三大领域全方位成立。

这种人物，在中国历史上不多，在世界历史上更少。

在世界古典文明史上，名将多多。古希腊古罗马时期的腓力二世（创马其顿方阵）、亚历山大、汉尼拔、苏拉、斯巴达克斯、庞培、克拉苏、恺撒、"拜占庭十字军"的统帅等，乃至西亚波斯帝国的居鲁士，所有这些名将，都是战场名将，而没有深刻的政治与战争文明的自觉理念。中国古典文明时期的名将更多，代代都有。但是，既有政治家才能，又有军事学禀赋，同时又具有实战才具的全才，也同样是凤毛麟角。

以进入《武经七书》的大家论之，孙武（孙子）毕生只有攻楚一战，还不是主将，不能说战场名将；吴起是实在的全才，既是主持了楚国变法的大改革家，又有兵学著作，还有毕生七十二战无一败绩的常胜记录，罕见之至；《司马法》的作者，不一定是名将司马穰苴，即或有其身影，也未见实战记载；尉缭子，国防部长出身，管理军事基地与后勤支援，也是有军事学研究而无实战记录；《三略》《六韬》的作者，则是托名的综合之作，大体也是畸重一方。历史上另有一种名将，如乐毅、司马错、信陵君、王翦王贲父子、白起、李牧等，同样是将相高位，懂庙堂政治，懂军事学问，又战功卓著，却唯独缺少军事著作，也是一种遗憾。

在所有涉及军事的名人中，只有李靖堪与吴起相比，懂政治（稳定的庙堂柱石），懂军事（有精深的军事研究），通战场（打过诸多胜仗而不是一战两战），堪称千古大才也。

如此一个千古人物，历史书写却不尽如人意。

二

三原县政协文史委和一批堪称史学发烧友的三原

人，成就了这件大事。

李靖是陕西三原人。三原县，是李卫公的故乡。在历史上，三原长期是渭北经济文化中心，百业考究，商旅风华，治学经世之风弥漫乡野，代有才俊之士奔走天下。近数十年来，三原经济在历史大潮中发生了非常重大的提升；同时，三原的文化建设也得到了一定的发展。但是，三原也难以避免地陷入了一个误区——（经济）增长有余，（文明）发展不足。因此，作为曾经的区域文化中心，三原的文化建设现状尚不能令人满意。那种曾经奠定三原城乡精神的道德文化底蕴，那种曾经弥漫三原乡野的"精器用，尚耕读"的社会气象，在当今的三原土地上，已经非常淡薄了。火辣呛人的浮躁气息，急功近利的社会风尚，充斥着这片曾经的文明丰腴土地。这种历史现象，是目下的"中国病"，也是"三原病"。如同国家已经开始的道德文明重建——中国梦——一样，三原也面临着同样的历史任务：再造我们的道德文化底蕴，找回曾经的三原社会里诚朴厚重的"崇文尚武敬业"的建设精神。

但是，三原毕竟是三原。在这样的社会氛围下，三原仍然有一批老中青皆有的才俊之士不为所动，自甘淡泊，致力文化事业，为三原的文化底蕴的恢复保留了难能可贵的火种。其中，三原县政协文史委和刘磊等年轻史学工作者的辛勤奋发，就是可贵的种子之一。

三

这本书是三原县政协"文史资料"工作的重大课题。

2012年，为了抢救挖掘珍贵史料，传承保护地方优秀文化，《唐卫国公李靖》被三原县政协提上议事日程，列入文史工作征编五年规划，成立课题组和编委会，聘请刘磊为政协文史委员兼任主编，并向全国发出征稿函。在县委、县政府的大力支持和社会各界的积极参与下，经过三年多的努力，这部大书终于面世了。

刘磊者，三原城关人也，禀赋厚重，性格爽朗，颇有几分"讷于言而敏于行"的君子气象。刘磊少学丰厚，才艺多样，既钟情金石篆刻，亦好书法绘画，多年前已经是我的老友常万贤创办的"白鹿书画院"的秘书长了。然，出人意料者，刘磊同时还是一个默行书案的史学票友，一个颇有文化组织能力的"发烧头目"。刘磊等年轻才俊在县政协的大力支持下，心有共识，无人处猛拍栏杆狠下功夫，竟在一日忽然捧出了一部大书，使人大大地瞠目了一回。

那次回三原，有陕西省地方志办公室原副主任董健桥，一个重量级的文献专家；还有陕西师大的名教授王继，一个在共和国史与社会学方面多有建树的学者。我等面对县政协隆重推出的厚重大书——《唐卫国公李靖》，始而惊诧，继则赞叹不绝。尤其是董健桥，治学成癖，置我等喝茶书法于全然不顾，竟一直坐在电脑前细读品鉴书稿三四个小时。我等评价不足论，不专业。健桥兄的评价才是专业的。聚酒时，健桥兄的评价是："资料齐全，分类得当，下了功夫。"并慨然允诺："细节缺失修订后，我来联系出版社！"此公浸淫史学数十年，注释点校大书巨著不知几多，又曾带领工作组进入西藏阿里指导地方志编撰，书案行当可谓火眼金睛。此公一言，九鼎也，我等自然信服，夫复何言。

四

在中国文化传统中，对历史名人的追思有多种多样的方式。以史书立传的方式使其光耀汗青，大约是最为正统隆重的方式。

由故乡官民合作，汇编李靖史料而成大观，是这部大书成功的基本点。其优势在于有关于李靖的各种史书记载汇集，包括民间艺术对李靖成神入圣的各阶段传说汇编；同时，还有历代见诸史料的对李靖的评价。因此，它是研究李靖这个历史人物的一部扎实的资料大成。同时，也是来自故乡本土的一种悠长的历史追思。

李卫公用兵，崇尚"正兵"。他的著名言论是："自黄帝以来，先正后奇，先仁义而后权谲。"李卫公与唐太宗探讨了许多次大战,在理念上肯定军事以"正兵"大道为主导,以"奇兵"为辅助,这是非常可贵的"大道恒强"理念。治兵若治世,为官,为民,为生计百业,皆当以正道为本,方有大成。这位故乡先辈的理念,应该成为三原人的正道大训,恒以为诫,永远遵之守之。非如此,无以继承良性价值传统,也无以实现编撰这部追思李卫公之大著的根本宗旨。

李卫公千古!

三原人民正在历史正道上昂首阔步向前!

2015年冬·海南积微坊

十三
秦汉高原走出的一组传奇哲人

商山四皓,是中国历史上极富寓意的一个哲人组合。

所谓历史寓意,是说一个历史人物的生命历程可供后人开掘的丰富度。虽然这种历史寓意有可能渗透在每一个历史人物身上,但是依据历史人物所经历史时代的不同,及其社会地位与阅历的不同,这种寓意的内涵自然也就不同。王家民先生所写《商山四皓》(陕西人民出版社,2022 年)所呈现的四个历史人物,就是非常富有自身资源的历史人物,值得去研究,值得去开掘,值得以文学艺术的方式去呈现他们鲜活的生命历程。这样做的意义在于,一则有助于我们了解中国历史上最伟大的统一文明的高原时代,二则有助于激励我们已经萎缩了的生命状态。

王家民先生这样做了，这是一件很有意义的事情。

长期以来，国人对中国文明前三千年的了解很是稀薄。尽管中国社会有浓厚的历史意识，有难以磨灭的思古说古传统，但是，对西汉之前的历史却很少有与其历史地位相适应的研究成果与文学艺术呈现。其中的一个重要原因，就是先秦时代需要的是长期深入的研究，而在商品经济大潮将所有领域都冲击得溃不成军的时期，"短平快"目标炙手可热，很少人去关注遥远的先秦历史。纵然它是中国统一文明的正源时代，纵然它是中国思想与文化的原典时代，纵然"书不读秦汉之下"曾经在三国时期就成为名士阶层的格言，又能在多大意义上召回我们已经丧失了的文明感应力，召回已经漫无边际的精神沉沦？

这种文明正源意识的沉沦，绝不会永远持续下去。

中国社会意识距离"蓦然回首"的一天，已经不远了。

因为，我们面临的文明重建的历史难题，只有在同样面临文明重建历史课题的春秋战国秦帝国三个时代，才能找到我们赖以前进的历史经验与深重教训。不反思不呈现先秦时代，我们就无从确立中国文明的正向传统，我们就无从实现从农耕文明到高端工业科学文明的历史性跨越。这一强烈而迫切的历史需求，强大于任何社会意识沉沦的拖拽性惰力，它必将推动中国民族再次进入觉醒时代，寻求历史经验以解决当代社会面临的发展瓶颈。

我对中国社会历史意识向根基时代回归抱有充分的希望。欧洲社会在文艺复兴与启蒙运动时期，以极为深刻的认知能力与精神勇气，彻底否定了自身所处的黑暗中世纪，而将遥远的古希腊与古罗马认定为自己真正的文明根基与历史精神根基，并因此而激发社会创造力，开启了工业文明时代。欧洲文明发展的历史实践说明，对于拥有古老文明历史的民族与国家，要想在重大历史转折时期完成文明的重建与再生，第一任务就是以新的价值理念重新解读自身历史，确立最为坚实的民族精神根基。只有完成这样的历史反思，才能走上正向发展的历史道路。

不重新解读历史，就无以重塑新的民族精神。

王家民先生的这本书，是回望先秦根基的一朵浪花。

无论王家民先生这本《商山四皓》还具有多大的可提升空间，其对历史重大事件的合理虚构，有多少值得商榷之处：譬如李斯的《谏逐客书》，是否是四皓提出？对于这种已经明确的历史事实，是否允许虚构？另外，其叙述方式是以民间意识为基础的民间通俗语言为载体，但在人物对话中却大量使用经典文言文，从而对读者造成某种作品结构脱节的鲜明不适感。再者，对诸如始皇帝之死这样的重大历史事件的过度俗化，某种程度上有较大的阅读违和感等。

这些有待修订提高的方面，都不是最重要的。

重要的是，这本书给我们所提供的阅读认识价值。

商山四皓这组哲人，以布衣之身奋发于战国"大争"之世，以才具见识成为秦帝国博士宫的七十位博士之四，已经具有了当时社会的较高端身份，对社会进程有着一定的直接作用。四人经历过秦帝国统一中国，并创建中国统一文明的历史进程；其后，他们在秦末大动荡的杀戮风暴中逃出生天，蛰伏山野；再后，又在西汉初期的复杂政治困境中盈缩有度，接受张良举荐，隐秘辅佐弱势的汉惠帝相对站稳了根基；最终，又自觉退出西汉朝局隐居山野，彻底脱离社会视野，即传统历史语言中的"不知所终"。

也就是说，在近百年的历史大转折与大动荡中，这一组文武兼具的高爵名士历经诸多惊涛骇浪而进入西汉之世，且继续发挥了应有的余热。这一生命历程，本身就是一个传奇故事。

须知，秦汉转折之际，虽不足十年，却是中国历史上最为短促剧烈的政治大风暴时期，其劫难深度超过后世任何一次政权转换时期。尤其"楚汉相争"的六年，项羽集团的旧贵族复辟势力所进行的最为野蛮残酷的战争，具有毁灭一切的疯狂性。史料记载，项羽集团大肆屠城六次，三个月大火烧毁了整个大关中，将整个秦帝国留下的不动产全数灭绝，又将秦帝国在关中拥有的所有动产财富全部抢劫一空，悉数运回了彭城。为此，楚怀王身旁老将曾有这样的评价："项羽为人僄悍猾贼。项羽尝攻襄城，襄城无遗类。"（《史记·高祖本纪》）其时，刘邦集团虽然在开始阶段也有两次屠城，但在张良劝谏下很快大为收敛。从整体上说，在两大集团席卷天下的全面战争中，战国时代与秦帝国时代累积的社会财富几乎毁灭殆尽。以致到了西汉文帝时期，还是饥民遍野，将相牛车，举国萧疏一片。

正是这样的历史大劫难，正是旧贵族复辟势力的疯狂性，形成了秦帝国名士遗臣的立身选择方向，也奠定了西汉实现第二次统一的人才根基。具体说，诸如商山四皓隐居山野的原因，一般历史意识都归结为躲避"焚书坑儒"之祸。本书作者大体也是这样的理念。但这是一个认知误区。近年来，国内外有关中国文明史研究的主流成果，都基本确认了"焚书坑儒"这桩公案的虚假性。历史证据之一，是秦代诸多博士都在西汉初期出现，包括商山四皓的存在，包括西汉初期制定皇家礼仪的儒家叔孙通博士等，都反证了"坑儒"的虚假性。历史证据之二，是诸多上古经典都在两汉时期陆续出现，否则司马迁根本无法写成皇皇《史记》。由此证明，焚书是一项尚未得到执行的临时禁令，而不是一以贯之的文化政策。此外，"焚书"与"坑儒"原本是两宗刑事案件，完全没有直接关系，直到东汉时期才被儒家连成一个整体，为厚诬秦政制造证据。

商山四皓所以出逃，直接的大原因是战争，职业的原因则极可能是在项羽集团大破坏大烧杀时携带帝国博士宫的典籍而出逃，也就是说，是"护书"出逃。若非拥有一定数量的典籍，四皓不可能在隐居商山后迅速拥有巨大声望。

之后，商山四皓所以愿意出山，愿意辅佐汉惠帝刘盈，其最深刻的历史原因，在于西汉初期全盘继承秦帝国统一文明框架的政治作为。正是"汉承秦制"这样的历史大形势，使秦帝国留下的大批骨干大臣、中下级官吏及名士散官等，都纷纷选择了为西汉政权效力。对于缺乏治理大一统国家经验的西汉政权而言，这是最为宝贵的政治财富。直到汉景帝，西汉的实际治国丞相（萧何为名义丞相）一直是秦帝国时期的"计相"（秦帝国的首席经济大臣）张仓（一作"张苍"），萧何病逝后的汉景帝时，张仓已经成为真正的丞相。也就是说，中国第二次统一之后的第一个治世——文景之治，实际上是在全面以秦政治国的条件下完成的。在这样的背景下，秦帝国的大批在世遗臣，诸如张仓、叔孙通、王陵（西汉封侯的将军）、商山四皓及其余博士等，都选择了为西汉效力。这是西汉初期的历史大潮。没有这样的"归心"潮流，西汉初期根本不可能迅速稳定下来。

其中最能说明问题的，是以赵佗为统帅的据守岭南的五十万最后的秦军。他们已经建立了独立政权——南越国，已经将挖掘了赵佗祖坟的吕后派来的南进汉军打得一败涂地，已经一举进军到长沙城外与西汉相持对峙。可是，在汉文帝时期两次派特使陆贾南下劝和时，赵佗与将士们选择了"事汉"——维护国家统一这条路。赵佗回复汉文帝的书信中说明了原因："老夫……南面称王……带甲百万有余，然北面而事汉……不敢背先人之故！"（《汉书·西南夷两粤朝鲜传第六十五》）

先人者何？秦始皇帝君臣阶层也。

先人魂魄者何？秦帝国君臣统一中国之大志向也。

同样，商山四皓作为秦帝国的四位博士——当时的国家高端智库人物，岂能不深刻理解秦帝国的政治宏图，岂能与统一大势相违背？因此，他们选择"事汉"，辅助西汉稳定统一政权，就是自然合理的。大势稳定之后，又选择功成身退，则是这组哲人的性格使然，也是无可厚非的。客观地说，西汉初期的刘邦集团，因其主要成员都出自秦帝国基层小吏与市井布衣，对秦政的整肃博大有着直观而深刻的感知，其所作出的战略选择——汉承秦制，是完全符合当时的历史潮流的。刘邦，是历史上唯一一个对秦始皇陵封了护陵民户的皇帝，其对秦政的敬畏是显然的。若非后来的汉武帝刘彻大举修改西汉初期治国理念，执意以"独尊儒术"为人治意识形态，从而与秦帝国的"法治"治国拉开距离，从而使中国统一文明第一次出现"塌方"现象，西汉政权的文明史地位几乎将会与秦帝国并肩。果真如此，商山四皓的历史地位，也将会在文明历史的价值认知中更高一些。

历史已经远去，留给我们的是一种精神指向。

商山地区的历史文化遗产，具有很大的特殊性。相比较于关中腹地令人眼花缭乱，且使陕西患上了"历史遗产眩晕症"的丰富多样性相比，商山地区的历史文化遗产是相对单一的。但是，这绝非历史文化劣势。因为，商山的历史文化遗产，正好卡在了中国统一文明创建时期，集中在了奠定中国统一文明与法治文明基础的商鞅文化这个焦点上。商山有商君府遗址、商鞅封地遗址，以及有可能被考古证明的商君墓地遗址。因为，虽然商鞅墓葬历史无载，但依据历史逻辑有可能被商山民众抢夺骨殖而安葬于商山某处未发现的地区。商山地区更有规模较大的武关遗址，是春秋战国时期战争文明的重要遗存，其意义不亚于山西高平的长平大战遗址。举凡这些遗址，都是中国文明高原时期，也是世界文明轴心时代的重大文化遗存，其所具有的"钻石"级意义，绝非数量之多可以比较的。

相信以王家民先生的作品为信号，商山地区能够涌现出更多丰厚的历史文学作品，能够以文学艺术的方式早日攻占先秦文明高原，也为恢复商山地区历史文化的辉煌性作出应有的贡献！

2021年夏·海南积微坊

十四

古战场守望者的独特目光

在难以计数的中国历史遗迹上,有许许多多忠实的守望者。

悠悠遗迹既成乡土,祖祖辈辈长相守望。于是,岁月流转家族传承社会浸润,在这些历史遗迹的守望者中,不期然总会催生出几许难能可贵的专学璞玉,一经雕琢便烁烁生华。长平古战场,是整个人类文明史上最大规模战争的地面遗存。乡民殷殷守望两千余年,不知曾催生出几多踏勘桑梓上下求索的专史学人。

而今,长平古战场又涌现出一个莘莘治史的精神守望者。

他,就是长平之战的专史学者李俊杰先生。

机缘巧遇。2007年初夏，我应山西晋城市丹朱岭旅游公司李随旺总经理的邀请，在《大秦帝国》前五部完成之后，与出版方河南文艺出版社的王幅明社长、许华伟责任编辑一道前往长平古战场考察。抵达高平当晚，李总举行了接风小宴，介绍我们认识了一老一少两位奇人，一个是李老先生，一个是年轻的李俊杰先生。两位李先生之奇，大要有四：其一，既为父子，又为师生，李老先生带出了李俊杰先生的考古治史兴趣；其二，父子二人数十年踏勘古战场激情不减，李老先生老而弥辣，李俊杰先生后学精进，青出于蓝而胜于蓝；其三，藏于民间而潜心治史，其踏勘之细研究之精直逼专业水准，令人感佩不已！其四，父子职业（李老先生原本为兽医，李俊杰先生为交通稽查科科长）俱与业余兴趣距离甚大，其基础之宽厚，兴趣之博大，令人惊叹。

当时，给我们印象最深的，正是这两位气象蓬勃的父子奇人。

李俊杰，社会职业是山西晋城市交通稽查科科长，社会兼职身份是上党古文化研究者与中国电影家协会、中国摄影家协会会员。显然，社会兼职意味着这位年轻学人的精神关注所在。在那张简朴的名片背面，印着李俊杰自家写的两首诗，一是《烧豆腐》，二是《天门羊肠坂》。第二首最见古朴雄壮之气，其云："马蹄声声悲，车轮为之摧。想上太行山，称霸显雄威。"

李老先生是个老革命，解放初期曾在北大聆听历史学家范文澜先生授课，从此有了难以化解的历史情结；后任兽医，二十世纪七十年代尚未退休，便开始关注长平大战的种种遗迹；退休后，更是以踏勘古战场为业，孜孜不倦地跑遍了高平山乡，多方搜集种种发掘遗物。在老先生的影响之下，少子李俊杰也因最早的辅助，变成了民间的上党文化研究专家，从此痴心于考古治史。

历经三十余年，四乡民众已经熟悉了李老先生父子的踏勘治史，但有发现，便来告知。父子俩发现多多，专门出了一大本装帧精美的自制影集，当场一一介绍影集所列藏品，众人无不感叹非常。

李俊杰父子的最大实际发现有两桩：其一，近二十年前于一山麓下发现一具古老干尸，其胸前有中箭痕迹；父子俩怀疑，这有可能是赵王（赵括）尸体！其二，父子俩曾在民间购得一口出土长剑，直长三尺，形制凛凛，只是没有剑格刻字等痕迹；父子俩认为，这是长平大战中的赵军剑。所有的藏品照片，都是后生李俊杰的摄影作品。在种种介绍之后，李俊杰先生说，上党文化的研究已经很有影响，正在筹备一些大型活动。次日，李总特邀李老先生父子陪同我们踏勘古战场。遗憾的是，气象蓬勃的李俊杰先生忠于职守按时上班，未能与我们同游踏勘。尽管如此，我们还是从李老先生口中得知这位年轻学人的种种辛勤努力与出色成果，对李老先生父子自觉推进长平古战场专史研究的精神有了具体深入的了解。

凡此等等，都给我们留下了不可磨灭的印象。

时隔年余，仲秋时节，我不期然接到了李俊杰先生的电话，质朴热诚的高平乡音使我怦然心动。俊杰先生说，他写了一本书，名为《长平之战史乘》[1]，希

---

[1] 《长平之战史乘》，李俊杰、黄贵庭著，三晋出版社，2009年。

望我看后能为此书写一篇序。仅凭"史乘"（两周大诸侯晋国的史书称谓）这一书名，便可见其人的追慕品格。年轻学人精进如斯，勤奋如斯，我自然一口允诺。及至书稿发来，我连续看完，不仅感慨良多。

这本书图文并茂，汇集了李俊杰父子三十余年的踏勘成果与研究所得。就全书内容而言，全部围绕长平之战的史实考据与其后的史料演变展开，形成了一个质疑与考订相结合的方法，具有立足实际踏勘与史料求证的鲜明特点。这一结构特点，使我依稀看到了一种古老的司马迁式的求实风格——信则存信，疑则存疑。

通观全书，我们很难说李俊杰先生的每则史料质疑都能够经得起时间的考验，也很难说每则考据都能为主流史学家所认可。但是，这本书提出的每个史料疑点，无疑都是真实的；每则考据及其所推断的新论点，无疑都是言之有据的。从这一点说，此书是很有价值的。中国之历史研究源远流长，辄遇人物事件，必有诸多争论。因此，对任何一则史料持有不同看法都是正常的，重要的是，必须言之有据，不做虚妄之谈。这一点，李俊杰的《史乘》是真正做到了。

本书更有一长，这就是作者世居高平而对长平古战场地理的透彻熟悉，避免了诸多专业史家仅仅依靠文献得出结论的弊端。譬如《长平亭驿的历史战略作用》一篇，譬如《长平之战的地名演变史》一篇，譬如《沁水武安镇来历与长平之战有关吗》一篇。凡此篇章，作者的论证无不立足于扎实的"地利"优势，很容易指出既往史料或当代学人的认定谬误。这一点，具有很高的基石性质、实际价值与学术价值。

当然，任何研究都不可能穷尽真理。

俊杰先生的这本《史乘》中的某些理念，也有值得商榷的地方。譬如，俊杰先生几次使用"民族主义"理念，来表述战国中期的"国家"战争关系，似可商榷。因为，春秋战国时代，中原各大诸侯与后来的各大战国，大体都共同认可着"华夏"族群这一理念，没有哪个战国将相互之间的战争看成真正异族之间的战争。否则，春秋时期齐桓公对中原诸侯提出的"尊王攘夷"的战略主张便没有根基。唯其如此，在当代用"民族主义"这样的理念分析当时的族群心理，似乎是不妥当的。

长平大战是大规模古典战争，是中国兵法的最高典型。从历史文化遗址的意义上说，长平古战场是中国境内唯一的大规模战争文化遗址，也是全世界唯一的战场明确且遗址与实物留存最为丰富的古典战争文化遗产。守望这一历史文化遗产，是高平人民的骄傲。以独特的历史目光，勘定已经被历史烟尘遮蔽或扭曲的历史真相，更是高平学人与举国学人责无旁贷的义务。

如今，李俊杰先生积父子两代之功，以精神守望者的独特目光触摸历史，贡献了这本弥足珍贵的长平之战的专史研究著作，堪称中国古典战争研究领域的一支新葩，相信一定能引起相关研究家的关注。

俊杰先生正当英年，定能百尺竿头更进一步！

2008年9月·海南积微坊

十五

人文良知，职业素养，论战气度

上海的《文学报》发表了李星先生的文章，我有一些感触。

李星先生立足于质疑不正当的讨伐式批评，对《大秦帝国》作出肯定评价的同时，也对《大秦帝国》提出了批评意见。这种基于真正的理论思考所提出的批评，具有建设性的价值；无论对于作者今后的创作，还是对于读者从思想意义上去审视作品，都是有利的。

李星的人文良知、职业素养、论战气度，为文学批评树立了典范。

我与李星先生认识甚早，至少有三十年的历史了。可是，由于处于不同领域，相互之间没有业务交谊；加之先生素心正性，下棋喝酒打球等身外杂耍一概无染，故此难成棋友酒友球友等乐呵勾兑。昔年因下棋喝酒等故，进出作协大院颇多，辄遇宽厚醇和之李星，不期然总有一丝暖意上心，总要说上几句真心话。早期交往，仅此而已。后来，一不小心跌进了文学陷阱，走进了历史文学泥沼地，待长途跋涉出来，昔日交谊俱已老矣！白发沧桑相遇，自有别样快意。

自此，与李星先生故地重逢，自然渗进了一份业务语言。

虽则如此，终因我不是职业文学人士，与友人交，对谈论文学始终缺乏激情与自觉。即或对于《大秦帝国》，若从文明与思想的意义上展开，我是有激情的，可若是从文学上说，总是缺乏热量。这与是否尊重文学无关。我选择了文学形式，并自觉进入创作者行列，以文学作为思想圣战的阵地，何言不尊文学？之所以如此，关注重点使然也。唯其如此，与李星这样纯正的文学评论家，我们的交往仍然是常态的。人言，君子之交淡如水，大约就是如此了。

对于李星，我始终保持着一种特殊的尊重。

这种特殊的尊重，与其说来自他对《大秦帝国》专业、公正、深刻的思考，毋宁说更来自李星既往的文学批评在我心中的沉积。我虽然并不熟悉李星既往的理论成果，可是对文学理论在各个历史发展阶段的总体表现，我还是熟悉的，因为这是一个人文理论家必备的学养视野。以我的理论直觉，李星是具有何其芳那般品格的评论家，是人文良知、职业素养、论战气度兼具的批评家。

何谓人文良知？理论家对历史与现实的深刻关注与建设意识也。

任何理论的提出与建立，都基于自觉的建设意识之上，这是人文良知对于理论家的隐蔽的根基性作用。见诸理论家个体，这种人文良知，既表现于他对自己的创新理论的责任向善意识，也表现为他对不同理论体系的评价方式。中国的春秋战国时代，每一位大师都是理论创造者，也都是批评家。因为，他们既要表述自我主张，又要评判别家理论。所以，那个时代的思想论战之风弥漫天下，其所树立的论战风格足以垂范后世，万古不朽。

春秋战国时代的百家争鸣，一个典型的方式是稷下学宫的"擂台式"论战。这种论战的具体方式是三大步骤：上台者提出论题（立论），台下任何人可以提出反面意见（挑战），而后双方辩析（驳论）；若连续挑战失败，则立论者被公认为天下大家。这种论战，有一个基本要求，就是任何一方都得秉持人文良知，该认输就认输，否则论战无法成立，更无法继续。其中一个典型例子，是少年鲁仲连战胜名家大师田巴的故事。田巴在稷下学宫连坐四十余日擂主，无人能驳倒其诸多名家诡辩命题。少年鲁仲连上台，却以一句关键语使田巴服输。这句关键语是："白刃加胸，不计流矢。"其直白语意是：当利刃刺到胸前时，就不能关心远远射来的箭头了。之后，鲁仲连的批评语言大意是，国家危亡，灾难深重，先生不出一策，却整日争辩这些鸡零狗碎之命题，究竟有何作用？田巴愣怔了，想了一会儿，便对鲁仲连深深一躬，服输了。

若从后世乃至当代某种理念看，田巴可以撑持下去的理由太多了。首先一个基本点，鲁仲连提出的命题与田巴的立论不是一回事，凭什么国家危难我的理论就错了？再者，以名家的诡辩智慧，田巴大约可以提出一万个理由来嘲弄这个少年。可是，智慧如名家大师的田巴，却显然没有这样想，他偏偏是心悦诚服地认输了。这里，起根基作用的，就是田巴与战国士子们的人文良知——对国家危亡与社会灾难的责任意识。即或我田巴的立论没错，可是我确实没有切中现实社会的要害，我的理论只是流矢而已，一个少年从关注现实灾难的立场批评于我，我该认输——这应该是田巴的内心所想，也是田巴认输的理由了。

固然，一个时代有一个时代的正义标准。

可是，人文良知是具有永恒意义的。

我们尊重李星，根本之处，在于尊重他灵魂之中的那种自觉的人文建设意识，在于尊重他那种将批评者自身置身于建设者行列的人文精神，在于他那种以理论批评作为建设手段的持之以恒的努力。

历史不乏恶性。现实的恶性，使我们先祖曾经的建设业绩一次又一次地毁灭于罪恶的火焰；理论的恶性，使我们民族的文明丰碑长久地被扭曲变形以至妖魔化。我们要重建新文明，首先就需要理性的良知，需要扎实的理论建设意识，需要重新审视文明史的基本功力与素养。而这一切，最需要的还是我们的人文良知——一种以建设心态评判是非的精神，一种不说谎、不龌龊、不泼别人脏水的名士气度。

善之灵魂，于世建设之加砖添瓦也。

上善若水，非水之守弱也，乃水之澎湃孕育万物也，乃水之灌溉农耕也。

有善如斯，李星先生的灵魂终将进入理论的高尚殿堂。

十六

中国当代书法文化的旗帜

王改民先生

任何一个民族的文字，都有着特异的神韵。

中国的方块字，是秦帝国在统一中国文明的进程中整合华夏文字而树立起来的中国文明的旗帜。秦帝国时代统一的方块字，以其最为传神的象形结构，以其最为丰富的表意功能，成为我们这个民族此后两千多年相互认同、自觉凝聚的永恒标志。没有这种独特神异的方块文字，中国人与中国文明就是一个世界黑洞。有了这种独特神异的方块文字，中国人与中国文明就是世界的一颗太阳。我们这个民族，从来没有将文字看作什么简单的线条与符号，而是看作一种融通天地精神、包容万物奥秘的一种认知系统。仓颉造字，窥尽天地神妙，鬼神为之哭泣——这则瑰丽惊心的远古传说，就是我们民族最早产生的文字崇拜。

所以，中国人写字从来不只是事务意义上的工匠活动，而同时承担了庞大复杂的信息传递与人际交流功能。那么，就其本质及其拥有的文明根基而言，中国人写字是一种精神领域的深化活动，是一种文化发散的方式。正是因为中国人写字活动的精神性与文化性，中国古典社会才出现了全世界独一无二的艺术形式——中国书法。

书法者，实现文字结构之法度也，实现文字蕴含之精神修为也。这种法度，这种修为，没有任何可以作为标准操作方式意义上的规则。但是，她又具体得人人都可以感觉到她的存在。所以，她是艺术，她不是标准化生产。书法作为艺术，她的灵魂是直接抵达心灵的文化美感和精神力度。我曾经在二十世纪八十年代末写过一篇文章——《中国书法家的文化困境》，批评中国书法家的文化匮乏与精神苍白，只知道虎年写虎、鸡年写鸡、狗年写狗，只背诵一些《菜根谭》之类的世俗格言与唐诗宋词，见人便写，就煌煌然以书法家自居了。我很可能有偏激之嫌，但我坚信，文化困境对于中国书法家是一个普遍现象,而不是个别现象。因此,在很长时间里,我很蔑视那些完全不知道书法为何物的书法家。

很长时间过去了,蓦然之间,我遇到了王改民。

改民是我的老同学,也是老朋友。曾经听说过改民的书法业绩,然基于既往对书法界的不恭,听听也就过去了。后来,在几个年轻朋友组织的小型企业文化恳谈中,相隔数十年没有见面的我们,终于重新认识了。那次我看了改民的书法作品,实在惊喜,但真正触动我的,还是我此后陆续得知的改民的书法内容。对书法家的作品,我从来不看重怎么写,也就是不看重形式美。我曾经调侃过书法家们的书写形式——只要写得人不认识,就是当代书法家。我所看重的,是写什么。尤其是对于那些能写出自己作品的书法家,我是由衷景仰的。也是在数十年前,曾经听闻过著名书法家吴三大在太史公祠前写出一副自己撰文的对联,就很是惊叹。也许,今天这样的书法家已经渐渐多了起来。但是,如此大量、如此经常地书写自己作品的书法家,依然是凤毛麟角。

就我所知，他是这样的一个书法家。

单纯的书法家很多，单纯的诗文家很多。书法家而又诗文家，诗文家而又书法家，就可遇而不可求了。如果再具体，能写诗文而又能书法者，大约也不少；可是，诗文与书法俱佳者，就是真正的光芒了。改民的一些书法从自创文句而来，譬如"法贵正气"的扇面书法，这有别于一般的书法家。

对于改民书法艺术的造诣，人们已经说得很多了。我愿意说的，还是他的文化品格与精神水准。改民发于卒伍，起于州部，步履坚实，阅历丰厚，思想明锐，素有非同寻常的认识能力与品格追求。凡此等等之聚合生发，于人曰襟怀气度，曰生命状态，曰精神再生之能力。唯其如此，改民走出坚实的社会生活结构之后，境界顿见开阔辽远，没有人生之暮愁，没有许多文人登临之作的没来由的灰色感伤；改民作品所渗透的是一种月涌大江的平静，是一种融生命于天地自然的愉悦，是一种走进壮美田园品评万物生长的感慨。这是悠长的生命力，丰厚的感知力，强劲的精神掘进性所综合锻铸出来的一种状态，实属可贵。

改民的许多诗词，一直感动着我，如：

茫茫碧水泛轻舟，隐隐波涵烟外楼。
远处无山天接地，巴陵胜状一湖收。

又如：

凉夜秋风黄叶地，万里潇骚，乍见山容异。艳艳韶华驹过隙，繁霜断送娇枝翠。一片寂心何所寄，寄向寥空，洒洒情难已。泻尽行云流水意，书成但觉心魂醉。

有人说，改民的书法是"陕西韵味"。

即或改民说过他必然地受了陕西地域文化的影响，我不赞同将改民书法的特质用"陕西韵味"去概括。一种具有普遍涵盖性的书法文化精神，必然是民族文明的生成结果，而不是这个民族的某个地域的特有产物。可以说，改民的书法文化精神必然渗透着秦帝国所统一的中国文明的博大深邃与厚重坚实。秦帝国的核心历史遗存都在陕西地域，可是当今陕西文化的地域性与相对的偏狭性，与秦文明的开放包容及震古烁今的创造精神，都有着较大的距离。在这个意义上，王改民在书法领域的文化精神突破，首先不是地域意义的，最基本的品格也首先不是陕西的韵味；用陕西韵味去概括，或仅仅从陕西韵味去审美，会大大缩小这种文化精神突破在整个民族文化层面上的意义。

王改民书法的文化特质，我称之为一种民族的书法文化精神。

至少，他已经在某种意义上恢复了中国文字书写中的精神修为，已经某种程度地体现了中国文字与人的精神世界及认识能力的合一性。王改民的中国书法，已经不是简单的书写，而是精神世界的文化溢出。从根本上说，这是中国书法的精神回归——以我们民族独一无二的书写工具，去呈现万物之蓬勃本源的一种天然具有神异性的艺术活动。

这种书法文化丝丝缕缕地浇灌着我们文明中已经干涸的洞穴，滋润着我们当代人对中国文字魅力的精神生疏，将我们的心灵和目光从对文字作为"工具与符号"的所谓科学评判中转移过来，重新恢复我们民族的文明审美意识，重新恢复我们民族博大深远的精神追求。

王改民的书法文化精神，是一种形而上的回归。

他的道路可能是艰难的，但是，他的前途一定是光明的。

因为，他已经在不自觉中树起了当代中国书法文化的一面旗帜。

（三）年华

十七
我的大秦川

序歌（柔曼的女声合唱或童声吟诵）：
蒹葭苍苍，白露为霜
所谓伊人，在水一方

挽住了干龙秦岭滔滔江汉
托起了逐日桃林莽莽高原
八水纵横风华
四塞立定雄关
这就是你呀
天造地设被山带河的金城天府
震古烁今的八百里形胜大秦川

万古秦风

啊——

大秦川,我魂牵梦绕的大秦川

华夏一统的文明皇冠

万古秦风大秦川——

蓝田半坡追远古,人文初祖话轩辕

凤鸣西岐文武道,沣镐沧桑忆周原

啊——

大秦川,我魂牵梦绕的大秦川

华夏一统的文明皇冠

万古秦风大秦川——

岁岁清明遥祭祖

赳赳老秦,共赴国难,大争敢为天下先

勤耕又善战,尚法又重贤

商旅通万里,学宫在南山

锅盔燃面肥羊炖,咥成了生猛硬汉

秦腔一声吼,大出函谷关

郡县一制今犹在,悠悠传承两千年

郑国渠都江堰灵渠飞渡下岭南

万里长城秦直道，扫灭了多少狼烟

啊——

大秦川，我魂牵梦绕的大秦川

华夏一统的文明皇冠，万古秦风大秦川——

十八

雪意把酒话秦风

冬日论酒，暖心快意，很具幸福指数，实在不忍相拒。

在人类所发明的饮食大系之中，没有一宗入口物事能够与酒比肩。酒之功效，不在果腹充饥，而在化入心境，快人之意，去人之伪，发人精神。依古人说法，此乃信人奋士之灵异也。远古物资匮乏，先祖独能孜孜造酒不懈；东西文明大有差异，自古酒风弥漫却如出一辙。此中秘密，俱在酒之精神激发功效也。世间饮食万千种类，独有酒事一家独大，在漫漫岁月中积成了多姿多彩的地域酒风，以至于成为地域民风的基本构成之一。人言民俗，必涉酒风。如此根基，如此神韵，任何饮食品类无法望其项背也。

自古以来，饮酒之风决于酒之烈度。中国古典酒类之发展，宋代为一大分野。宋代之前四千年，中国之酒无分种类，俱为自然酿造，无须勾兑，天成妙品。《齐民要术》所载之美酒酿成，开瓮可饮，皆此自然天成之物也。酒精度很低，可痛饮，可解渴。琼浆玉液之美感，皆从此中生发也。宋代伊始，蒸馏技术出现，酒之烈度不断提高，真正痛饮渐成难能之事。于是，饮酒器具不断变小，由碗及杯，巨觥之饮不复见矣！明清之后，饮酒风习法度更是日渐趋于精致化。唐代之前三千余年的诗酒精神、雄放之风，终于渐行渐远，变成了我们梦中遥远天宇的一片绚烂。

虽然如此，我们的酒风中依然丝丝飘荡着祖先的神韵。

古来酒风，浓烈莫如战国。战国酒风，雄放莫如秦人。

秦人族群，原为远古华夏五大基本族群之一。尧舜之时，秦人族群职司驯兽化畜，为远古社会生存之最险难领域。洪水时代，秦人族群又与大禹之夏族、殷契之商族、后稷之周族共同治水，厥功甚伟。秦人族群领袖伯益，以功业声望，被公议确定为大禹之后的华夏盟主继承人。此后，夏启突发政变，兵杀伯益，驱逐秦族。秦人族群第一次陷入流亡境地，在东部山海间第一次长期隐匿。四百余年后，商汤发动灭夏，秦人率先响应，于鸣条之战建立大功，成为殷商时代六百余年的功勋族群，镇守西部陕原地带，成为朝歌之屏障。周武灭商，秦人族群战败沦落，所属七十余族三分流亡：一支北进，后成赵人祖先；一支西进，在戎狄海洋拓荒生存；余部星散于东方。后世崛起立国之老秦人，便是那支西部拓荒奋战的嬴氏骨干族群。二百七十余年后，西周发生镐京事变，周人陷于存亡边缘。当此之时，秦人族群应周室之请，举族东进，浴血奋战，大胜戎狄，并护送周平王东迁洛阳。以此救国之功，周平王封秦人领袖为诸侯，许其夺回关中之地为国土。此后，秦人族群历经三代血战，终于将入侵戎狄尽数驱赶出河西高原并关中之地，成为春秋时代的强势诸侯国之一。

两千余年屡经劫难沉浮，秦地民风，成为战国时代的一道独特风景。

战国大思想家荀子，曾经进入秦国查勘，对当时的秦国丞相范雎谈起对商鞅变法近百年之后的秦国风貌的印象："入境，观其风俗，其百姓朴，其声乐不流污，其服不佻，甚畏有司而顺，古之民也。及都邑官府，其百吏肃然，莫不恭俭敦敬、忠信而不楛，古之吏也。入其国，观其士大夫，出于其门，入于公门，出于公门，归于其家，无有私事也。不比周，不朋党，倜然莫不明通而公也，古之士大夫也。观其朝廷，其间听决百事不留，恬然如无治者，古之朝也……不烦而功，治之至也！"(《荀子》)显然，在荀子的眼中，这是一片充满理想秩序感而又少了些许风华激情的土地。但是，事实却并非如此。在这片灼热的土地上生活的老秦人，其质朴高贵、厚重沉静的风貌之外，更鼓荡着豪迈雄放的诗酒之风。

荀子之后的李斯，在著名的《谏逐客书》中，对被荀子赞为"不流污"的战国秦人的歌风，作了这样的具体描述："击瓮叩缶，弹筝搏髀，而歌呼呜呜，快耳目者，真秦之声也。"这段简约的文字，呈现了这样一幅图画：秦人相聚放歌，有人击打着陶瓮，有人叩击着瓦缶,有人弹着秦筝,其余人则一边狠劲拍打着大腿,一边嘶声吼唱着歌,尽情宣泄,快人耳目。

这幅秦人放歌图里,隐藏了秦风的几乎所有基本元素——秦人的代表乐器秦筝、秦人以陶瓷瓦缶为击打乐器、秦人响遏行云的高亢歌唱、秦人激越的歌风、秦人悲烈的情怀。战国乐谚云:激哀之音,莫大秦筝。秦筝所以成为秦人独有的乐器,以其宏大深沉的覆盖性声域,与当时山东六国的古琴形成迥然不同的风格;其灵魂之根基,无疑埋藏在这个久经坎坷磨难的马背族群的奋争历史之中。若非如此,后世秦腔之激越悲怆,岂非无根之木、无源之水?若非如此,何能有秦风化石一般的华阴老腔——那群人用砖头砸着板凳,用大棰敲着铜锣,用力拉着简朴的丝弦,昂昂然齐声吼唱,词句难懂却气势迫人。此等峥嵘裂肺,若非秦风底蕴,万难有其他根基也。

每读这幅图画,我都觉得李斯漏掉了一个最重要的标志物,那就是酒。

春秋多风华诗性,战国多雄放烈士。无论在哪个时代，秦人的诗风酒风，都浓墨重彩地泼洒在历史的长卷上。一部《诗经》，收"秦风"十首，便有三首成为华夏古典诗歌之最，堪称千古绝唱。这三首，一曰最美丽的情歌《蒹葭》，一曰最沉雄的战歌《无衣》，一曰最悲怆的悼亡歌曲《黄鸟》。这个来自东方又辗转西方再入东方华夏世界的族群，用最为高亢的秦腔，歌唱着爱情，歌唱着流血，歌唱着死亡，寻求着生命的归宿。这样的族群，酒是他们生命的扩张，灵魂的激荡。聚歌必得痛饮，方能狠劲拍着大腿，面红耳赤地破天长吼，恩怨情仇，必得喷涌而后快。非如此，宁非老秦人哉！

秦人从西部东进立国之时，华夏世界的酿酒业已经达到了一个新阶段。由于商旅普及，各大诸侯国的酒坊酒肆如雨后春笋般蓬勃生长。楚酒、赵酒、鲁酒、齐酒、吴酒、越酒、胡酒，缤纷争胜于天下。其时也，单单为酒而起的战争就有两次——楚赵酒战、楚鲁酒战。当时的秦国，前有周酒之根基，后有自身之努力，遂有了独具特质的秦酒。其时之秦酒，以五谷白酒著称，朴实无华，不透曲香，唯有酒醇。这种

年华

秦酒，在西汉时期被称为"白薄"。以当代酒文化说法，此清香型白酒之鼻祖也。经后世两千余年演变，秦酒之后裔与赵酒后裔汾酒、燕酒后裔白干酒一起，终成清香型白酒之三大代表也。时至当下，不想竟有蛇足策划，将秦酒之代表品牌生生冠以"某香"之名，实在令人苦笑莫名。

中国史书重政事，轻民生，民风民俗纵有记载，亦是流云之末。是故，远古酒业酒风，如同一切民生大计一样，要我们从星散的残简中去感知，去拼接，去体察。纵然如此，我们依然可以透过青幽幽的残简，嗅到那个风雷激荡的遥远时代渗透过来的浓浓酒意。踏青之饮、聚歌之饮、宾朋之饮、斡旋之饮、商旅之饮、村社之饮、战胜之饮、丧葬之饮、婚典之饮、冠礼之饮，难以尽述。辄逢意外，也必痛饮。《秦始皇本纪》载：秦王嬴政即位第八年，黄河鱼群逆流大上渭水，秦人闻讯，纷纷轻车重马，赶赴关中东部的渭水两岸大咥鲜鱼。轻车重马者，空车而用几匹马拉也。何以如此？为的是野炊咥鱼之后，回程还要拉一车与亲友分而咥之了。这则记载，也没有酒。

然就实而论，河滩草地野炊煎烹大河之鲜，果然无酒，雄放豪迈的老秦人岂能忍受！

两千多年前，我们脚下这片灼热的土地上，生活着多么质朴高贵雄放豪迈的先祖人群啊。身为子孙后裔，我们的生命中流淌着他们的热血，我们的生活中飘荡着他们的身影，我们的酒桌上渗透着他们的遗风。他们，是我们生命的基因，灵魂的根基。

何谓秦风？永不沉沦之顽韧精神也。

风华精美的都市生活，正在淹没着我们的灵魂。那弥漫流淌在一座座古老城堡与一片片山原村社的雄放之风，已经离我们远去了。可是，我们真的能忘记他们吗？当我们咬呲着厚厚的锅盔，当我们吸溜着宽如裤袋的捞面，当我们举起纯正的清香型秦酒，当我们吼着挣破头皮的秦腔，一声声喊着咥，一声声吼着干的时候，他们——那些遥远的已经消逝在历史烟雾中的祖先们——正在笑眯眯地看着我们呢。

冬天的雪，在我们眼前悄悄地飘进了历史。

举起我们已经很小很小的酒杯，敬一敬我们的祖先吧。

十九

秦风秦腔，华夏绝唱

秦在华夏的边缘，出于戎狄之间，《汉书·地理志》说："天水、陇西，山多林木，民以板为室屋，及安定、北地、上郡、西河，皆迫近戎狄，修习战备，高上（崇尚）气力，以射猎为先。"

这个玄鸟的子民，曾经牧猎于东海之滨的东夷民族、亡国殷商的弃民、颠沛流离西迁而来的马背民族之间，漫长的岁月中，他们筚路蓝缕地开山启林，艰难地在戎狄海洋中杀伐出一片安身立命之地，维系着华夏与蛮夷间脆弱的防线；骁勇剽悍质朴厚重的民族性格、列代首领及国君的惕厉自省发奋图强，在那金戈铁马的大争之世里，一道黑色闪电大出天下，一举定势。当年那是整饬有序的法家驰骋之地、是猛士呼啸的乐土，是轰轰烈烈的铁血文明……可是，这一切毕竟都被涤荡干净了。

不过，今天的秦腔里还残留有两千多年前的秦风的调子。秦风有一种在别的《风》诗中少见的尚武精神和悲壮慷慨的情调。秦腔中特有的苍凉悲壮、慷慨激昂，正传承于此。

《诗三百》诞生的西周末期到春秋时代，一半是战火狼烟，一半是诗礼风流。可是对秦来说，它的整个历史却是一部征战史和生存奋斗史。五百五十年没有停止的战争中，秦人的流血就像吃饭。秦人受命为周天子牧马，实为周之藩篱，在今天甘肃天水、陕西陇县一带抵御西戎，拱卫京畿。秦是随着与异族征战而崛起的。秦风之苍凉悲怆，听之断肠裂帛，本不足为奇。

苍凉悲壮的"秦风"自然以尚武精神为主，而且那种尚武不是"华夏异类"式的血腥杀戮，是边缘华夏艰难的血泪奋斗，《无衣》中那同仇敌忾、仁义友爱、慷慨赴战……让你感受到的，是热血的沸腾，而《蒹葭》中的"白露为霜"的清寒、"在水一方"的朦胧和那"溯洄从之,道阻且长"的伤感……留给你的,则尽是寒泪的苍茫了。战国谚云:激哀之音,莫大秦筝——好个"激""哀"二字,不正是这火与冰的碰撞?这两种激流的交汇就成了秦风中那特有的豪迈和哀伤……

法家治世,弊在太速,速者易苛。这也许是秦骤兴骤亡的原因之一?另外,秦风淳朴,文化结构远不如其他华夏诸国复杂多样,长久治世实为不易。然则秦部族不若此般轰轰烈烈、雷霆霹雳及简单明晰,怎能迅速崛起于西陲,以雷霆万钧之势一统天下?天下诸国,相互掣肘制约,谁个堪担此大业?华夏民族极有可能在漫长的内耗中萎缩荒芜,被四面强悍的游牧民族席卷吞噬,当年那微熙初露的华夏文明从天边抹去——像许许多多已经湮灭的文明一样,未必不可能。

历史给了秦辉煌,也给了他悲壮。莫非上天赋给秦的使命只是一统天下一定大局,结束漫漫长夜,为华夏文明未来的辉煌铺下基石?大势既定,使命完成,也该退出舞台了。当然,秦走得很是干净利落,一如他的本色。

赳赳大秦,去多久矣。秦风既逝,岁月自有安排。

浩浩秦风,天地绝响
萧萧去兮,何其匆忙
溯洄从之,道阻且长
逝不可追,我实心伤
……

二十

事也政也，积微而成

多有大志者，皆瞩目于大事，对日常琐细事务则不屑一顾。

年深月久，大志者却往往是一事无成：大事没遇着，小事没做好。如此感喟，不知发生在多少人身上。所谓壮志未酬，所谓光阴如白驹过隙，所谓岁月空流等等，一定是此类人物留下的无可奈何的叹息。虽然如此，却很少有人仔细思忖其中奥妙。许多壮怀远图的少年，依然在若干年后作了白头无所成之叹。此类人物，不是今日才有，自古就有。所以，明澈的先贤早就揭破了其中秘密，可后人却有意无意地遗忘了。我们的少学教材中竟没有如此警世的原典文章，悲剧没完没了地重复着。

这篇警世文章,是《荀子·强国》中的一节,其烛照之明,令人豁然开朗。

这则短章的原文是——

积微,月不胜日,时不胜月,岁不胜时。凡人好敖慢小事,大事至,然后兴之务之。如是,则常不胜夫敦比于小事者矣!是何也?则小事之至也数,其县(悬)日也博,其为积也大。大事之至也希,其县(悬)日也浅,其为积也小。故,善日者王,善时者霸,补漏者危,大荒者亡!故,王者敬日,霸者敬时,仅存之国亡而后戚之。亡国至亡而后知亡,至死而后知死,亡国之祸败,不可胜悔也。霸者之善箸也,可以时托也。王者之功名,不可胜日志也。财物货宝以大为重,政教功名者反是,能积微者速成。

按重新整理的语序,大体翻译一下这段话:积微,岁不胜季,季不胜月,月不胜日。凡人都怠慢小事,总是在大事临头时才忙活起来。如此者,反常常不如那些认真处置每日小事的人了。为什么？小事来得很多很多，耗费的精力时间也多，最终累积的成果也大。大事来得很少，耗费的时日也短，最终积累的成果也少。所以，善于每日处置琐细事务者，可以王天下；能够定期处置好琐细事务者，可以称霸天下；仅仅临事修补漏洞者，危险；从来荒疏空言而不理事务者，灭亡！是故，王天下者看重每一日，霸天下者看重一季，奄奄仅存之国便只有在亡国后空自忧戚了。这些亡国者，总是在亡国危机来临时才知道危机，在死亡来临时才知道死亡。殊不知，导致亡国的祸败根源，是无法用后悔来弥补的。霸者所以彰显，在于尚有每季处置事务的可能。王者之所以建立大功，则在于数也数不清的每一日做好每一件小事。财宝是越大越重越好，国家政事则相反——能积微者，实际上成功最快。

荀子在说治国之道，实际上也在说人生法则。

为政也好，做事也好，总是大事少而小事多。于官而言，大事是战争、灾难、重大社会变革，以及种种突如其来的事变等等；小事，则是每日必有的日常政务。许多从政者，一生都没遇上惊天动地的大事，所谓政绩，也只能从每日政务中去累积。若荒疏日常政务，肯定是一事无成的庸官了。

于民而言，大事则是能使雄心直接到位的种种举措，譬如能一举成为亿万富翁的商贸之战，譬如能一举成为著名科学家的项目竞争；小事，则是每日的学习、工作、交际、家务等。许多人一生也没有遇到可以成为亿万富翁的商贸大战，没有遇到可以一举成名的大功业，若是志大才疏再不屑琐务，准定是白头空叹了。

图大则缓，图远则渐。无论是国家的远大目标，还是个人的远大志向，都须得一件事一件事地做。积微而成，正是这个道理。不积跬步，无以成千里，也是这个道理。于国家而言，一个锈迹斑斑求变图强的国家，要她真正迈开大步，便要孜孜不倦人人力所能及地为之培养元气，呼唤激情，铸造魂灵；从我做起，从现在做起，一丝一缕地洗刷魂灵的锈迹，重新找回我们已经遗失了的民族魂魄，使我们这个华夏族群的精神光鲜起来，勃发起来，本色起来。

于人而言，无论有多么远大的志向，都得认真做好日常每一件小事。人生一世，根基在做事。认真做好每一件事，件件合乎法度，合乎良心，人格自然也就矗立起来了。脱离了认真做事，而只思谋如何先做人，是大而无当的，是本末倒置的。

若非如此，又能如何？

二十一

诗风鼓荡的美丽裙裾

读蒹葭从风的《所谓伊人》[1]

先秦女子的风貌,对于今人,实在是一片朦胧的烟雾。

那些美丽的佳人,在两千多年前究竟如何活法?她们的情感方式、婚姻方式、劳作方式、在族群中的地位、对男子世界的介入深度,乃至她们的衣着、谈吐、独特礼仪、与男子的交流方式等等,都对今天的我们有着一种难以遏制的一窥远古真相的吸引力。毕竟,我们对由男性世界主宰的历史大事,大体还算有着一些起码的了解,而对远远消逝于历史烟尘的女子世界,我们的了解就太少太少了,少得无法完整地叙

---

[1] 《所谓伊人》,蒹葭从风著,上海锦绣文章出版社,2008年。

述任何一个基本的细节。这种情况，文化界也未必好得了多少。至少，迄今为止，我国尚没有一本扎实具体地开掘与描述先秦女子世界的书。

不仅仅是关于女性的直接史料的简约、缺失、断裂、错讹。更重要的是，那个时代的相关事件、生活方式与社会精神，对于两千余年之后社会生活已经变形太大的普通人，除了点点滴滴的神话般的传说，早已经成为难以想象的谜团。唯其如此，要将先秦女子们奔放鲜活的生命状态再现出来，所需要的功力，与其说在"伊人"本身，毋宁说在对那个时代社会土壤的把握与再现。

无论是哪一种文体，这都是一种结结实实的挑战。

我从开始关注先秦时代，到全副身心浸泡于先秦时代，历时二十余年，其间浏览过许多关于中国古代女性的书籍。客观地说，还没有见到一本书敢于深入具体地将视野投放到先秦时代，普遍性地展现先秦佳人的生活与精神。当然，以夏商周三代的个别女性为主要角色的历史小说不在其中。因为，这种女性小说不是展现那个远古时代的女性群体的普遍风貌，而只是一个艺术支点。

逝者如斯，历史的烟尘将由何处轻轻荡开？

炎热多雨的仲夏，在一座岭南滨海小城，我接到了一份附有一部书稿的电子邮件。打开一看，眼前大亮——发件人是兼葭从风，附件是一本名为《所谓伊人——红颜探古先秦篇》的书稿。

从题目看，我已经怦然心动了。依据我多年的文化评判直感，我立即觉得这是一个极有价值的选题，而以从风的笔力与见识，一定有得出新。当天下午，我便开始看了起来。孰料，浏览完目录之后却是愈看愈慢，不由自主地细细地看，慢慢地品，间或还翻翻书。如此，一直看了两个礼拜。之后又浏览一遍，如同捧起了一坛香气久远而厚味绵长的女儿红一气饮下，这才长吁一声，仔细回味。

先秦女子世界的历史烟尘，将从这本书荡开，将从这本书飘散。

这是这本书的品格所决定的，而不仅仅是"填补空白"此类评估所决定的。当然，这本书即或不是第一个，肯定也是最早涉足先秦女性题材的作品之一。

但是，能否经得起时间与社会的检验，是不是第一个往往不起决定性因素，起决定作用的，永远是作品的真实品格——她所应该具有的真实内涵与形式美感，以及对远古女性世界的真实再现程度。从这个最基本点说，从风的这本《所谓伊人》是属于那种令人有真实收获的好书。

无论从内涵还是形式说，《所谓伊人》都是一本奇特的书。她不是小说，不是散文，不是研究著作。但是，她又是小说，又是散文，又是研究著作。也就是说，从哪一种文体的标准样式看，她都不纯粹；而若从具体的"这一个"看，她又兼而有之，样样精到。

此间神韵，非读而品之，不能体察。

非小说又是小说，是说这本书里的情境再现文字所给人的独特感受。许多史料无从征询的历史断点，从风都采取了情境再现的独特手法，细致而又传神地写出了特定情境下的人物心理与故事进展，以独有的语言美感深深渗入人的心灵。每篇都有这样优美的文字，实际就是一则又一则小小说。她填补了我们因为史料缺失而无从推断的细节需求，使一个又一个佳人带着鲜活的面容，身着我们所不熟悉的"玄衣纁裳"，优雅静穆地或走进"昏礼"（婚礼）寝室，或走向田野的桑林，或走向远嫁的官道车马，使人倍感亲切。这种写法融入厚实的史料辨析与背景叙述之中，实在是大胆而新颖。

非散文又是散文，是说这本书里对完全基于史料的社会背景的叙述，全然不是传统刻板的说明与交代，而是一行行弥漫着诗意的灵魂吟唱。在《何彼襛矣——当年公主初嫁时》一篇里，从风备细地以坚实的史料为依据，回顾了先秦昏礼的直指心灵的优雅美感，之后一段文字写道：

> 那黄昏时开始的昏礼，一如漫天的晚霞，优美宁静，直指人心。那时候的昏服也不是现在人们以为的传统礼服那样大红一片，而是神圣庄重的玄色和纁色。昏礼不大肆举乐，不过分庆贺，简朴干净，没有后世繁缛的挑盖头闹洞房这类繁杂的玩意儿，夫妻"共牢而食，合卺而酳"，而

后携手入洞房。次日拜见舅姑,三月后告见家庙,重的是夫妇之义与结发之恩。从此后生死相依,从此后家族延续。黄昏中开始的那个安静优美的仪式,映照出一个久违的文明气息。

在《蒹葭苍苍——边缘华夏的绝唱》中,从风又有这样的文字:

历史中的每一滴泪都凝着被遗忘的事,纵使优美如《蒹葭》,背后也有那样一段让人唏嘘的岁月。然而唏嘘不停的只是我们这些隔河看柳的家伙,历史当事人反而不会成天兴叹,痛苦的砂砾已在蚌肉间磨砺成璀璨的明珠。古人的生活比我们艰难得多,而他们心里留下的不是血泪苦涩,而是花开花落、云卷云舒。你会发现,愈是辛苦的民族,愈能绽放美丽——艰苦的周人在周原上摘下一片苦菜,竟然能嚼出饴糖的甘甜。在危机四伏的岁月,在不遑起居的日子,他们竟深情地唱出凤鸣高岗、桐生朝阳的诗意……同样,苦难远甚于周人的秦人，他们的内心深处也长着一片至美的苇丛。

这种历史漫步式的评点，弥漫出浓浓的诗意，寄寓着殷殷的期盼，同时又渗透着一种清醒而智慧的思索。应该说，没有融诸般人文功夫于一身的基础，断难写出这般动人而不失深邃的文字。

非论著而又是论著，更是这本书的最为坚实的立足点。

《所谓伊人》对先秦女性世界的再现，最大的特点与其说是前面所述的特殊的形式美，毋宁说是内涵的坚实厚重感。所谓坚实厚重的内涵，主要体现在三个基本面：其一，《所谓伊人》对先秦女性得以生长的社会风貌，进行了大量的史料辨析，其引证史料之多令人咋舌，其辨析之细令人惊叹；作者若像通常的学院派著作那样列一个《索引》，少说也得三五页。一本二十万字出头的女性史书，能有如此之多的史料垫底，大约不厚重也难。

其二，《所谓伊人》在对史料引证辨析的基础之上，又每每综合概括出自己的独特认知，其见识之精到，足为该问题当之无愧的一家之言。这种独特见解几乎篇篇都有，如对妇好命运基于史料的合理推断，如对褒姒进入周室宫廷的年龄考据与推断，如对《秦风·蒹葭》中"伊人"的考据与推断等等，无不体现出作者敏锐细腻的思想力。

其三，《所谓伊人》在诸般史料辨析之上，还有一个独特的闪光点，就是对服装史的精到研究与形象再现。从风的业余专长之一，便是对古典汉服的研究与设计。在"中国汉服网"等大型古典服装网站，从风都是当之无愧的轴心人物。唯其如此，这本书给先秦女性的研究带来了一股清新的风——从史料的服装信息辨析人物与事件的特定确指。从风自己如是说："先秦典籍中的衣冠是不可忽视的信息源。"又说："考据者们向来对古代服饰研究不够重视，因此也就错过了一些衣冠带来的信息。"基于此等独特优势，从风对《豳风·七月》的服装考证起到了重大作用——因为服装的信息，从风辨析认定诗中的采蘩女不是女奴隶，而是一个"国人女子"，其跟随的"公子"是一位男子而不是女子。在另外一节,《所谓伊人》还专门附录了作者自己写的一篇关于先秦女子服饰、头饰、佩玉等的介绍文章,更见其翔实生动。这一点,使这本书又有了一种专业史的优势,其给人的说服力大大增加。

如此理论根基,如果是书橱式的陈列,读来自然辛苦有加,大约不是专家不会注目。难能可贵的是,如此翔实的史料辨析与服装专业史辨析,作者却偏偏能寓于极具美感的历史叙述之中,将一种宏大深邃的社会精神与浓郁的风情画紧紧交织在一起,使人倍感诗意而又常常有新大陆发现,读来兴味盎然又手不释卷。也就是说,这本书耐读,绝不是一遍看过再不想拿起的那种书。

说到这里,得说说最后一点,如此非小说是小说、非散文是散文、非论著是论著的独特三元素,是依靠什么紧紧融合为一体而又独具美感的?

是那久远弥散于历史的《国风》。

从这本书涉及的人物数量说,有十七篇十七位主要人物。但是,每篇都涉及当时的一个特定的女性群体,甚或同时有两三个主要人物;综合地说,从夏商周三代到春秋战国,从贵族女性到平民女子,基本的女性群体都包括了进来。其中,除了夏商两代的女性多以甲骨文卜辞史料为主要依据展开外,其余篇章则处处弥漫着浓郁的《国风》。

如此,以《诗经》的优美篇章为风帆,一个个先秦佳丽翩翩地从远古走来,她们彰显着天地玄黄的深衣裙裾,她们以佩玉伴奏的优雅步态,她们如云的秀发与高高的发簪,她们率真而奔放的神态,她们奔赴战场与匆匆下田的身姿,都在浓郁的诗中展现着独特的社会风貌,挥洒着个人与家族及国家的命运,奏出一曲曲简约厚重的旋律,久久回荡在我们的耳畔。

正是这种化于《诗》又出于《诗》的风格,鼓荡起先秦佳丽们的飘飘裙裾,成就了《所谓伊人》这本书独特的品格——以治学之法为根基而独能成诗意之美。因为诗风漫卷,作者得以不拘形式乘风遨游,厚重的史料在诗风鼓荡下轻扬而起,化作了诗意的美感叙述,历史天宇的断点,则搭起了彩虹般的再现长桥。真切的现实与遥远的历史,就这样在鼓荡的诗风中浑然对接，亦真亦幻，任凭感受了。

无论这种写法是作者的深思熟虑，还是不意为之，她都给我们提供了一种罕见的"僭越"于学术传统而又独具研究价值与艺术价值的范本。

我们的国家在变化，我们的历史在前进。

我们这个民族对自己文明历史的反思，也在不断走向深入。

于此大潮中，从风是一朵浪花。我们都是一朵朵浪花，各自拍打着古老的岩石，奋力地开凿着巨舟行进的航道。我们可能消散，我们可能被激溅得杳无踪迹。但是，无数的浪花合流，终归会形成无可抵挡的潮流，终归会流向苍茫的大海。

也许，在遥远的天际，就有那些远古佳丽们殷殷的目光。

华夏民族的灵魂与希望，正在这世代不息的生命中延续壮大。

2008年仲夏·海南积微坊

二十二

文学的边界在哪里

就《大秦帝国》创作答衍柱先生

衍柱先生的研究拓展了我的视野

对于文学，我很少发表意见，没写过专门文章。

今年春，责任编辑许华伟给我发来了一封很长的电子邮件。打开一看，是一组关于《大秦帝国》的研究评论。邮件后附了华伟的一篇说明，介绍这是山东师范大学李衍柱教授对《大秦帝国》的一组研究成果；李先生早已在文艺理论领域成就斐然，又是资深博导，虽已年逾七旬，却保持着蓬勃的工作状态；这组文章，是中国作协重点研究项目的初步成果，后边还要出书。

衍柱先生的研究非常专业，文章具有很高的学术水准。

就内容说，衍柱先生的文章最触动我的，是对《大秦帝国》文本形式的研究与评论。先生的基本意见是：《大秦帝国》的文本形式，远远超越了纯文学作品；这种超越与溢出，体现了刘勰在《文心雕龙》中对文体种类归纳的丰富性；按照刘勰的三十四种文体分类，"现代的纯文学只能包括诗、骚、乐府、赋四类，其他种类难以归入文学家园"。衍柱先生认为，《大秦帝国》的呈现方式，是一种大文学观；如果没有各种文体形式并存的丰富性，就不会有这部作品；同时，衍柱先生以客观的立场，述评性地介绍了目下文学界对这一呈现方式的关注与争论。

这里触及了一个根本问题：作为一部开掘久远社会生活的历史文学作品，应该写哪些方面的内容？应该以什么样的方式去呈现？前者，关乎作品的实际内容构成；后者，则关乎作品的文体种类与文本形式的选择。更为重要的是，衍柱先生不仅提出了问题，而且旁征博引,系统回顾了整个中外文字作品史的文体演变过程,以及各个时代最基本的文体理论主张,一直论述到近现代文学文体的发展,以至当代纯文学的现实与理论。

这些系统的研究与论述,使我在更为广阔的意义上,相对系统地明白了这样一个事实:尽可能全面地丰富地呈现社会生活的内容,最大限度地自由选择文体,这样一种创作方式,在古今中外,都曾经有着坚实久远的历史传统,并非今人的发明,更不是我的凭空创造。

理论引领作家开拓广阔的精神空间,这是真正的批评家的意义所在。

虽然我素来不认识衍柱先生,但很快地回复了邮件,与先生开始有了交流。先生殷切地认为,《大秦帝国》是一部有价值的作品,尤其是文本形式,值得认真地展开研究与探讨,也希望我能写写自己的看法。我,则从2009年春天开始,已经重新游进了历史海洋的深处,开始构思并撰写大型文献专题片《中国原生文明启示录》的解说文字,今年夏天已经进入了集中写作阶段。故此，没能及时与先生展开这一有意义的讨论。

衍柱先生的研究，以很快的速度进展着，已经要正式出版了。

我决定"上船"几日，做一次文学发言，说说我对文学的理解。

文学作品应该渗透理性诉求精神

衍柱先生将我的创作理念概括为大文学观，以与当下的纯文学相区别。

坦率地说，我在创作中并未形成如此自觉的大文学意识。但是，我在《大秦帝国》的创作实践中，也从来没有想到过走纯文学的道路。我依据长期沉淀在知识结构中的一种基本理念进行着创作，即：文学是现实的反映，历史文学是历史生活的反映。历史现实有多丰厚，历史文学作品就应该有多丰厚。即或我不能全部做到，也应该最大限度地接近历史现实的丰富性。所以，我的创作没有顾忌，某种内容或某种文体，是否适合进入文学文本，我从来没有想过。从实践效果看，与衍柱先生的概括评判是一致的。事实上，衍柱先生提出的大文学范畴，对文学扩容与文体多样的现象，更具有解释性，我是赞同的。

大文学观的源头，是大社会，是大现实，是大历史。

大文学观的精神，是理性诉求精神。

第五部《铁血文明》中，秦每灭一国，我都写了一篇回顾该国历史并总结该国灭亡教训的史论文章。有读者朋友评论说，这是"新六国论"，很有价值。也有评论家认为，这种插入破坏了文学的结构性，造成阅读中断，是失败之笔。恰好，衍柱先生也是这样认为的。以当时的耕耘心态，我只直觉地认为，每一个高潮之后的咀嚼与回味是非常重要的，这是文学诉诸情感的需要。从历史烟雾说，六国灭亡的原因，在后世两千余年历史上纷纭聚讼，也非常需要发掘呈现历史的真相；我必须写出这些强大的战国为什么灭亡于秦的原因，而且必须写好。

第四部《阳谋春秋》中，对"二十一事"（名家二十一个诡辩命题）的全面整理与呈现，也是这样。在电视剧第一部的拍摄中，有一个完整读过《大秦帝国》的制片人多次说到，这种学问性的内容篇幅太大，没有意义，只能阻隔故事。可是，我在写到荀子和名家学派的大论战时，本能地认定：这是战国百家争鸣中极其重要的一场思想战，荀子为此专门写出了一篇大文章《正名》，创建了"名实论"的逻辑思想体系。要相对充分地理解荀子学派的思想成就，不全面呈现与之相对的名家诡辩学派的逻辑智慧的博大性，及其特异的思维方式，就不足以展现中国先秦时代百家争鸣的真正内涵。我们的哲学史专业，历来非常看重罗马帝国时期的诡辩学派，但凡哲学专业的学生，大体都知道古罗马诡辩学派的那几个基本命题。可是，对于战国名家的众多诡辩命题的瑰丽渊深，我们却很陌生，即或中国哲学史专业的师生们，也大体如此。

　　本着这样的思想，我整理了散落在古今文献中的名家二十一个诡辩命题，以相对通俗的语言解释阐发了每个命题的形式逻辑性。尽管，这在形式上确实是阻断了阅读快感。但是，在完成文学作品应该具有的

"业务写作"的意义上,它却是一个非常必要的环节。曾有读者将"二十一事"全部转载到网上,并表示了他的喜爱与理解。我想,若要过分追求所有人的喜爱与理解,大约也就没有好的文学作品了。

第六部《帝国烽烟》的最后,我写了一篇几万字的《祭秦论》,全面总结了秦亡之后两千余年的非秦烟雾,也进行了相对全面的分析与考辨,在文明发展史的意义上对秦帝国的历史命运作出了全面反思。在我看来,这是非常非常必要的,它的重要性,甚至达到了不写这篇东西就不需要写《大秦帝国》的地步。我想,从文学意义而言,作品的帝国主角倒下了,作为画外音,回顾一番帝国在身后的遭遇,也是可以的。一些读者,一些评论家,认为不必要,甚或认为画蛇添足。其主要理由:这是史论,不是文学。衍柱先生也是不赞成我写这篇东西的,认为应该作为单独的学术论文;若要写,也必须写得像托尔斯泰的《战争与和平》中那样的紧紧融于文学作品的议论篇章。

我想,除了见仁见智之外,批评者所以不赞成,最主要的原因,应该就是他们在以纯文学理念为根基对作品进行评判，认为这些内容与写法距离文学太远。我不赞成这种理念。一部大作品，其中的某些东西，很可能不是适合于所有读者的，而可能只是写给某些特定的读者群看的。曾有网友评论说，《大秦帝国》是一部很选择读者的书，它要求读者本身具有一定的理解力。我以为，这正是针对书中此类内容说的。

我们的文学，直接起源于叙事话本，基本没有理性精神诉求的传统。即或是我们接受西方文学理念后的新文学形态，理性精神直接见于文学作品的例子仍然很少很少。柳青昔日的《创业史》，算是议论较多了，可仍然是小段落式的。在二十世纪八十年代以后的长篇文学作品中，理性精神的诉求也仍然是"基本没有"的状态。当下的长篇作品，更以排斥理性诉求为时尚，以粗粝快速的叙事进展为时尚。无论是正统作家的作品，还是业余作家的作品，都是这样。

一个基本的比较是：以高端作品论，外国文学作品读起来相对厚实沉重，中国文学作品读起来相对浅薄轻松。为什么如此？仅仅是文本形式的差别？仅仅是语言传统的差别？

我以为，问题并不那么简单。根本的原因是，在纯文学的理念下，我们几乎本能地排斥文学的理性诉求精神。实际上，文学的理性诉求精神，绝不仅仅体现在溢出叙事文体之外的直接议论；更为根本的，则是寓于叙事方式、叙事语言之中的理性思索与精神追求。我相信，一个有理性精神的作家，其以叙事方式为根基的文风，决然是有别于理性精神排斥者的。即或，我们不承认溢出叙事文体之外的议论，认为那太离谱，那么，作品叙事渗透理性精神的大作品有多少？有吗？我们呼唤大作家，呼唤大作品。可是，我们却不呼唤大文学，不呼唤文学的理性诉求精神。这实在是一种南辕北辙。可以预见的是，在纯文学理念的笼罩下，这种呼唤一定是没有效用的。

《大秦帝国》不是一部纯文学作品

任何历史，都是当代人的历史。
任何文学，都是当代人的文学。

《大秦帝国》所涉及的春秋、战国、秦帝国三大时代，在中国文明史上，是截然不同的两种总体评判。一则，秦汉之后的两千余年对这三大时代全面否定，在《二十五史》里比比皆是。二则，当代文明理念认为这三大时代恰恰是中国文明的圣土，是我们真正的文明根基。面对这样一个遭遇两极评判的大时代，究竟应该如何写，依据哪种理念写，就成为一个必须面对的问题。

　　我不认为有所谓永恒的历史学，也不认为有所谓永恒的文学。无论是以史学形式书写历史，还是以文学形式书写历史，都是当代人对文明史的反思与回顾；它既不可能脱离当下的时代理念，也不可能不以当代社会意识为对象。所以，无论是史学还是文学，都必须回答当代人的精神困惑，都必须体现当代人的现实诉求，都必须启迪当代人的精神世界。为此，历史文学的精神目标应该是：以当代文明理念为根基，全面反映那个时代，为我们的民族争取文明话语权。至于这样写出来的东西是不是纯文学，我从来没有想过。

所以,《大秦帝国》就成了一部文体多样的文学作品。就内容说,这种驳杂,这种多样,主要体现在四个基本方面:一是为了澄清历史烟雾,写了许多的论文式的篇章或段落;二是为了发掘历史变革的内涵,评述式地写了许多当时的各种制度,譬如井田制、奴隶制、封地制、宗法制、战场传统、军事制度、庙堂制度、变法新制度等;三是为了全面反映当时社会生活,写了许多民风民俗、婚嫁礼仪、加冠礼仪、饮宴礼仪、酒棋博弈规则、兵器制造与图式等;四是为了发掘呈现当时的社会意识形态,除了大篇幅写了诸子百家的基本思想,还写了神秘文化的基本领域和基本知识,如天象观测、占云占气、阴阳国运学说、地理堪舆、各种占卜仪式等。

网友们曾经将《大秦帝国》中叙事之外的知识性内容,做了分类归总,大约是十三大类,近百万字,还不包括《六国灭亡论》《祭秦论》这样的论文式篇章。

就文体说,《大秦帝国》也是多样的、驳杂的。以衍柱先生说法,大约《文心雕龙》提到的文体,我大部分都使用了。其中，读者关注的，是《诗经》体的自创诗、童谣、箴言、预言、诏书、文告这几种。依据纯文学理念，这些形式都可以没有。可是，我曾经反复掂量，还是有了好。说实在话，写以上种种篇章，花费的工夫是远远超过叙事写作的，往往是一天能写一大节故事，好几千字，却写不出一篇制度述评或大的诏书文告。但是，只要需要，我可以不计较工夫耗费。尽管我努力如此了，还是不足以放映那个时代的博大渊深，还是留有许多遗憾。假如走纯文学道路，我不敢想象那样做的结果。

为了文学精神，我甘之如饴。

为了文明理念，我无怨无悔。

一说到写作目标，一说到文明理念，有朋友就批评我话太大，自诩太高。

我以为，这是风马牛不相及，与我是否骄傲、是否谦虚，都没有关系。我选定了一个伟大时代来写，自然应该有与之相适应的语言谱系。无论是创作理念，还是文本体现，我的语言谱系都应该与那个伟大的写作对象相适应。既然献身文学，这是我必须具有的职业眼光。爱因斯坦发现质能关系，研究出相对论，就必然要说及人类的战争命运，就要涉及人类的宇宙观，这和本人是否自大完全风马牛不相及。史蒂芬·霍金研究宇宙，写出《时间简史》《果壳中的宇宙》，就必然要用相应的大概念说话。领域与对象使然，与本人是否骄傲，也没有关系。研究并呈现一个伟大时代的文明内涵，当然要从它在一个民族的文明史地位说话，必然要涉及民族的文明评判等大问题。面对一个重大时代，面对一个重大题材，却不敢使用相应的语言谱系，只能导致虚伪迂腐的学风；其结果，谦谦君子了，不招骂了，却亵渎了那个伟大的时代。

至少，纯文学的方法，不适合《大秦帝国》。

譬如写人物。我始终认为，不写好人物的专业与业务，人物就没有厚度。写战国诸子这样的大思想家大学问家，只写他们的生活状况显然是不够的。因为，饮食起居婚姻家庭，乃至个人坎坷，远远不是他们生活的核心。此前，我曾经比较仔细地读过一套"先秦诸子文学传记丛书"，是花山文艺出版社出版的，作者都是专家学人博士生等。基本上，他们都是以人生际遇与私人生活为主写的，思想表现只是语录式而已。事实上，这套书很不成功。其中最主要的原因是两个：一是很少写这些大家的"业务"活动，也就是学术实践活动；二是对人生际遇与学派命运的呈现，和当时的社会风云大大脱节。这种作品显然是纯文学了，可它们的苍白单薄却显而易见，也几乎不可避免。

我不能走这条路，虽然那要轻松许多。面对老子、商鞅、慎到、申不害、韩非子、孔子、孟子、墨子、孙子、吴子、尉缭子、庄子、公孙龙子等煌煌巨星，不写他们的思想内涵与业务活动，或轻轻一笔带过，当然也可以。可是，那样的名字轻飘飘地出现在一个丰厚博大的时代，有真实感吗？如此写法，岂非辱没了我们的巨星？岂非辜负了文学的精神？

文学，应该同时引领读者的精神升华。

一味地迎合恶俗低俗的阅读风气，是文学下滑沉沦的重要原因。

不管当下社会如何消解崇高审美，人们对崇高审美的需求依旧恒在,并且这种需求将日益浓烈。从事文学写作的人,应该坚定地相信主流读者的品位,相信读者的理解力,为文学的阳光化作出不懈的努力。

纯文学:一个美丽的泡沫而已

所谓的纯文学,是不存在的。

文学是社会的折光,没有纯社会,就没有纯文学。

纯文学的说法,在二十世纪八十年代之前似乎并不存在。那时候,文学就是文学,她以独特的方式,为那个时代开启了灵魂解放的门户,获得了广泛的社会尊敬。那时候,没有人怀疑文学的纯净与否。可是,很快地,那种值得尊敬的文学没有了。文学倏忽之间变成了令人腻歪的东西,作家也变成了一个不再承载尊重的名号。几乎与此同时,社会上也出现了纯文学的说法。

这表明了一种实质指向:力图捍卫值得尊敬的文

学的人士们，对当代泥沙俱下枝蔓芜杂恶俗弥漫的变形文学，难以忍受了，他们提出了一个文学应该坚守的方向。就实际目标而言，这一说法既关乎文学书写的文本，又关乎文学容纳的内涵。前者要求文本文体的规范化，后者要求内容上纯净的叙事性。应该说，这是文学精神的抗争，是文学精神的呐喊。

可是认真想想，纯文学的说法还真是一个美丽的泡沫。

首先，什么样的文本是纯文学？没有人能够明确回答。纯粹的故事文本是纯文学？新奇的形式创造是纯文学？仅仅改变文字排行的爆炸新诗是纯文学？通篇不知所云的意识流是纯文学？私人呢喃的隐秘书写是纯文学？传统的叙事方式是纯文学？凡此等等，认真审视，大约没有人敢于确定一种足以成为范式文本的纯文学楷模。

其次，什么样的文体是纯文学？只有诗、词、歌、赋与故事话本吗？如此纯法，文学中的人物，大约大部分活动都无法写了。文件不能发，军令不能颁，学术与专业会议不能开，专家不能发言，科学家不能研究,军事家无法打仗。文学,只能有吃饭睡觉婚姻家庭爱情死亡这些了。这,就是文学吗?虽然我说得有些极端,可是谁能告诉我,文学要纯到什么程度,才是纯文学?没有基本的标准,这个话语有什么用?

再次,什么样的内容是纯文学?同样难以明确回答。只写"生活"不写"业务"的作品,是纯文学?风花雪月才子佳人的吟唱,是纯文学?家族史发迹史升官史创业史流亡史等等,是纯文学?反映现实或者批判现实,是纯文学?凡此等等,也无法明确界定。

最后,就创作主体说,什么人的作品是纯文学?更没有答案。职业作家的作品是纯文学?业余人士的作品是纯文学?网络写手的作品是纯文学?中学生的写作明星是纯文学?凡此等等,都是一句话:说不清。

客观地审视,所谓纯文学,只是文学界人士的一种似是而非的普遍说法。虽然,这一说法寄托了某种抗争的希望,彰显了某种坚守的精神。可是它既没有严格的理论界定,也没有明确的现实所指,所以它只能是一个文不对题的美丽泡沫。虽然许多人都在吹，似乎是越吹越大，越来越光鲜，但是它终究是一个泡沫，承受不起轻轻一弹。这好比是一个歌手的嗓子生了溃疡脓疮，将动人的吐纳变成了腥臭的吼叫，而另一个歌手煞有介事地诊断说，你这不是高雅唱法，太野蛮低俗，应该改变，并开出了一个药方：必须坚持职业的高雅，坚持纯正的美声，才能杜绝腥臭的吼叫。

药方歌手错了？错了。没错。

错了，是病源弄错了。没错，是药方话语本身没错。

中国当代文学的深度变化，不是有没有纯文学的问题，而是一个远远比歌手脓疮更为复杂的社会问题。至少，它隐藏着三方面的因素。

一则，裹挟着大量精神病毒的社会新思潮大规模地稀释了当代文学。文学已经变成了一个病毒弥散同时又抗体新生的诸侯天地。不要忘记，文学的根基特征是社会性，是最容易随着社会步调而发生深刻改变的一个人文领域。

二则，中国当代文学的基本阵地，起源于二十世纪五十年代确立的职业作家制度及其生成的作家群。虽然这样的文学群体正在日渐缩小，但仍是当代文学的基本阵地。这是当下中国的文学现实。这样的文学群，过的是一种写作的生活，而不是生活的写作。对于真正的生活现实，他们往往以观察者的身份，居高临下地去"体验"。当然，他们中的许多人，已经杀出了这个基本阵地，成为文学新生代的元老。这另当别论。还是说这个基本阵地，他们对社会生活出现的真实变化，相对缺乏发自内心的感受，先天免疫力也相对低下。面对被稀释被改造被变形的文学，他们完全不知道病源在哪里，无所适从，进退失据，不知如何应对。他们是纯文学理念最基本的提倡者，也是最基本的坚持者，这是很正常的。与之相对应，当下社会中许许多多的业余写作者仅仅是将写作当成正常生活的内容之一，想写点什么就写点什么，能写点什么就写点什么，是一种生活的写作。所以，他们对文学形式的变化从来没有什么值得惊讶的表情。

三则，当代文学的诸侯乱象，是中国当代社会现实发生深刻变化的反映，是完全正常而健康的人文现象。历史地评价，这是中国文学发生重大变化而很可能因此获得再造新生的转折时期。我们没有理由丧失希望，没有理由回到苍白病态的纯文学道路上去。佛教教义中的凤凰，是一种战力无边的神鸟，它可以吞噬一切邪恶的猛禽走兽，在天宇播撒着美丽的身影；可是，体内邪恶的聚集，却要使它每隔五百年必须投身烈火一次，焚烧自己，获得新生。

这就是动人心魄的凤凰涅槃。

文学，是我们精神世界的凤凰。目下，她正当投身社会烈火而重生的历史时刻，我们没有理由不为之放声吟唱。我们的当代文学，经历了历史的沧桑巨变，既蕴藏着深厚坚实的民族历史精神，又带着各种各样的累累伤痕。建国之后的数十年，中国文学在文本形式上，无疑是纯正的。就文本而言，说那个时期的作品是纯文学，没有错。就文学基本阵地的作家群而言，那个时代的作家几乎个个都是文学"技术"领域的高手大工。职业作家所赢得的社会尊敬，八九成是那个时代的作家奠定的。对那些远去的背影，我们有理由抱有最充分的敬意。

可是，我们不能忘记，由于时代本身的缺陷，这种纯正的文学文本的创作，事实上变成了只能装载某种特定内容的异味酒水。文学的博大与深厚，文学的深刻与犀利，文学的天赋批判精神，在那时，都只能是一个梦想。

于是，中国当代文学有了必然改变的内在逻辑。

随着历史变迁，这种必然的变化应运而生。几乎是眨眼之间，我们的文学阵地爆炸式地新军丛生，沉甸甸的作品接踵扑面。可以说，二十世纪九十年代之前，文学界承载了变革初期最为深厚的人文希望。而那些作品、那些理论，十之八九都是当时业余写作的文学爱好者完成的。激发他们笔端热血的不是纯文学的虚幻魅力，而是坚实火热的社会变化渗入他们灵魂的喷发欲望。那时候，文学是充满荣誉感，充满探索勇气，充满精神诉求的一个领域。多少青年男女，都曾经义无反顾地淹没进了那条绚烂夺目的精神银河。这本可以是中国当代文学发生历史跨越的最好时期，可是，曾几何时，那些被社会寄予厚望的文学冲击者们，纷纷走进了职业文学的殿堂，变成了纯文学光环的承受者。他们发生的最大变化，就是他们已经没有勇气去客观地审视当下文学的再一次历史性的新变化了，更不要说改变自己，开辟新的文学视野了。

中国当代文学究竟怎么了？

在各个国家，在各个文明世界，文学都是人文领域最圣洁而又最不干净的地方。在其他任何国家、任何文明形态下，这都是最正常不过的现象，人们没有因为文学的不干净而对文学丧失希望，也没有因为文学的圣洁而对文学无限拔高。只有我们，因为文学的混乱与不干净而紧张、沮丧、唠叨不休、深感末日来临。

纯文学是曾经的文学荣誉在我们心头生成的一个梦幻。我们误以为，只有那种让全社会保持高度敬意的文学才是真正的文学，只有全社会承认的文学才是真正的文学。我们不习惯多姿多彩，不习惯许多人不承认自己，更不习惯社会意识嘲笑自己。我们认为，那是文学的混乱，是文学的沉沦。我们淹没在纯文学的大梦里，为当下文学的异物入侵和多元书写而深感惊慌。文学界如此，社会意识也大体如此。

回归纯文学，大约就是这种失措意识的产物。

我们应该呼唤文学的新生，但不能寄希望于大扫除。

文学是天然具有神秘感召力的社会文化形式，因为文学诉诸人的灵魂与情感，它既是人类精神对现实存在的自我感知，又是人类理性对社会生活的意识整理。可以说，在所有的人文领域中，文学最接近于宗教存在的意义——呈现现实社会的美好，又发掘现实社会的缺陷，为人群寻求现实世界难以寻觅而又极度渴望的生活境界，将人的审美感知变成活体形象，为人的灵魂提供一片栖息的绿洲。在这一意义上，文学的独特作用，是其他人文领域无法取代的。一部杰出的文学作品，可以影响一代人、几代人，乃至整个国民精神。一个有文化知识的人，不管他从事何等职业，都可以是文学的受众，都有烙进自己灵魂的终生难忘的文学作品。

这种具有精神影响力的文学作品，其成功的原因，绝不在于它们是纯文学作品，而恰恰在于它们都不是纯文学作品。甚或，它们恰恰都是最不纯的文学。屈原、庄子、司马迁、曹雪芹、罗贯中、施耐庵、鲁迅、托尔斯泰、巴尔扎克、莎士比亚、伏尔泰等作家，被历史所筛选出的不朽作品，哪一部是纯文学作品？他们的伟大，正在于他们的作品所呈现的现实生活的深厚广阔，正在于作品精神的博大深邃，正在于理性精神的坚韧深刻。

历史文学应该是内涵丰厚的文学

历史文学是一个独特的文学种类。

所谓独特，在于它的双重性。历史文学既要符合文学的本质，又要体现历史的真实。因为，历史的真实已经不在，当代人群对它的了解有限。所以，这种历史的书写呈现，就比现实文学的创作增加了难度。要展现历史的风貌，事实上既要有文学表现力，又要有文明鉴别力。没有文学表现力，历史小说肯定失败。没有文明鉴识，则历史小说很难发掘出特定时代的历史精神，作品必然苍白。

中国历史小说的创作，尤其更难。根本的原因，在于我们的社会意识没有形成相对一致的文明史价值评判尺度，我们的任何历史人物、任何历史事件，都是充满争议的问题人物、问题事件。其中，又以对先秦史和近代史为甚。恰恰是这样两个最为风雷激荡的历史时期，我们的传统意识与社会评判，混乱得最厉害。在如此情况下，要写出好的历史文学作品，尤其是先秦三大时代的历史文学作品与近代史文学作品，有许多基本的价值理念与理论思考，是无法绕过去的，除非你要戏说。如此，所谓纯文学，在这里只是一个虚无的梦幻。至少，作者必须有自己的文明价值尺度，要有展现丰厚历史风貌的书写形式。

如果说文明评判这一点可以是隐性的，甚或在某些人看来是不必要的；那么，丰厚的书写则是必须的。也就是说，丰厚的时代内涵是历史文学作品的第一要义；一个曾经的时代在当代社会争议越大，需要当代文学作品呈现的内容就越多。这也可以不写，那也可以不要，其结果，一定是纯文学干瘪苍白的作品。

若要再现一个被历史烟雾遮蔽的久远时代，使当代人睁开文明评判的目光，最好的方式就是在理性遴选的基础上，最大限度地呈现那个时代社会生活的丰厚性，展现那个时代的万千风貌。这一任务，只有文学形式能够承载，能够生动展现出那个时代人的生活方式、语言方式、情感方式、行动方式，以及寓于其中的社会变革与价值理念。包括理论形式在内的其他任何人文形式对历史与现实的反映都是抽象的，即使它们更接近于社会的本质，也并不利于人们重新认识一个久远的文明社会。在这样的意义上，博大丰厚的文学书写才是呈现一个陌生时代的最佳方式。

我坚信，这个方向没有错。

写历史小说，几乎离不开历史上的政治生活。然而，中国当下的文学意识，对几乎任何时代的政治生活都充满着离奇的误解。最大的误解在于两个方面：一则，中国古典政治是专制主义，是皇权独裁，是必须揭露批判的对象；再则，对中国古典政治阴谋化，厚黑化，认为其中没有阳光性可言。在这样的普遍意识的基础上，我们的历史文学出现了两个普遍倾向：要么回避对历史政治生活的全面开掘，只展示一番阴暗面即可，要么大写阴谋政治，以为历史上的政治生活丑陋不堪。

就历史的实际情形说，这太离谱了。

在人类的文明发展史上，任何国家、任何民族，在政治文明方面的创造与发展，都是社会发展的核心面。中国文明能绵延相续五千余年，政治文明的发展与稳定起着决定性的作用。这样一种产生了深刻的政治哲学的古典政治文明，如何能仅仅以专制主义、皇权独裁几个字概括净尽？如何能以厚黑权谋一言以蔽之？尤其是春秋战国秦帝国三大时代，政治生活的主流是阳光化的，政治文明中的人本主义是浓烈的，政治文明的发展是充满创造性的，政治文明的历史目标是非常高远的。没有政治文明的发展，就没有这三大时代整个社会文明发展的旗帜。关于这一时代的阳光政治，大改革家管仲曾经说过一句经典的话："言室满室，言堂满堂，是为圣王。"(《管子》)这句话的实际意思是：政治家的言行作为应该透明化，领袖政治家不应该有悄悄话，应该让所有人都听见；只有充分地坦率公开，才能领袖天下。

这样的政治精神、政治实践、政治哲学，是我们民族的希望，当然也是历史文学应该浓墨重彩书写的内容。我们当然要反对专制主义，要反对皇权独裁，要反对阴谋厚黑。可是，简单的回避、不明真相的厌恶，不是合理路径。真正的建设精神，是拿出健康阳光的政治境界与之对抗，告诉人们什么才是中国古典文明中的健康政治、精髓政治，才是我们值得继承的文明遗产。如果说这种态度就是颂扬专制，我们只好报之以一笑了。以偏狭的误解，以回避的态度，以扭曲的书写，去呈现所谓的历史政治，并以此为自我道德彰显，这恰恰是恶性政治传统的蔓延，是事与愿违的。这样的文学书写，对我们的文明发展没有任何益处。

《大秦帝国》的轴心是国家兴亡，而对政治生活的再现，是它最主要的方面。

我致衍柱先生的信中，谈到了我写先秦政治生活的基本点，主要是四个方面。其一，呈现中国古典政治文明的优秀传统：阳光精神、事功精神、信仰操守。这些政治传统，是帝国时代大政治家们的共同点。

其二，呈现古典政治生活的专业特质。制度体系、政务方式、政治精神、庙堂风貌、大政治家的思维方式、当时官员的生活特点、当时的重大政治问题等，都应该体现出成熟的国家时代中政治专业化的水准。尤其是各国处置重大的社会矛盾冲突时，从问题的出现，到方案的提出和实施，都必须真正符合这些大政治家的水平。

其三，呈现众多的政治细节，使古典政治生活丰满起来。器物、官府、性格、刑罚、朝会、语言方式等，没有这些细节，政治生活就活跃不起来。

其四，发掘并书写中国原生文明时代丰厚的政治经验教训。国所以亡，国所以兴，事所以成，事所以败，深层原因究竟何在？都必须让读者有相对充分的体察。我在作品中加入了许多评述段落甚或专节，就是不想使这些千古兴亡中的法则被埋没或不被人理解。至于这种写法是否符合传统的职业的文学手法，我没有想过。

从这样的意义上说，历史小说应该具有独特而丰厚的内涵。

文学的内涵没有固定的边界。社会有多么广阔，文学就应该有多么博大；现实有多么深刻，文学就应该有多么智慧。社会永远是泥沙俱下的，文学的内容也永远是泥沙俱下的。但是，文学可以没有边界，作家却不能没有良知。只有那些承载了我们的审美感知，承载了我们健康真实的情感，呈现了我们理性精神的文学作品，才是具有价值的文学，才是真正的文学。

文学的真正出路，在于摆脱纯文学梦幻，勇敢地走向博大的现实。

2010年10月6日·海南积微坊